フランスの骨董市を行く!

石澤季里

角川oneテーマ21

目次

ベルギー
リル
ドイツ
ルクセンブルク
シャトゥー
パリ
ストラスブール
フルトヴァンゲン
スイス
リヨン
イタリア
マントン
ニース
カーニュ・シュル・メール
クリヨン・ル・ブラーヴ
リル・シュル・ラ・ソルグ
ムスティエ
モンペリエ
ヴァロリス
ペズナス
ゴルド
ベジエ
カンヌ
マルセイユ
アヴィニヨン
リオン湾
地 中 海

フランス　アンティークめぐりマップ

パリ　Paris

■ クリニャンクールの蚤の市
……地下鉄4号線Porte de Clignancourt下車
■ ドゥロウ
……地下鉄8､9号線Richelieu-Drouot下車
■ ヴァンヴの蚤の市
……地下鉄13号線Porte de Vanves下車
■ 30年代美術館
……地下鉄9号線Marcel Sembat下車

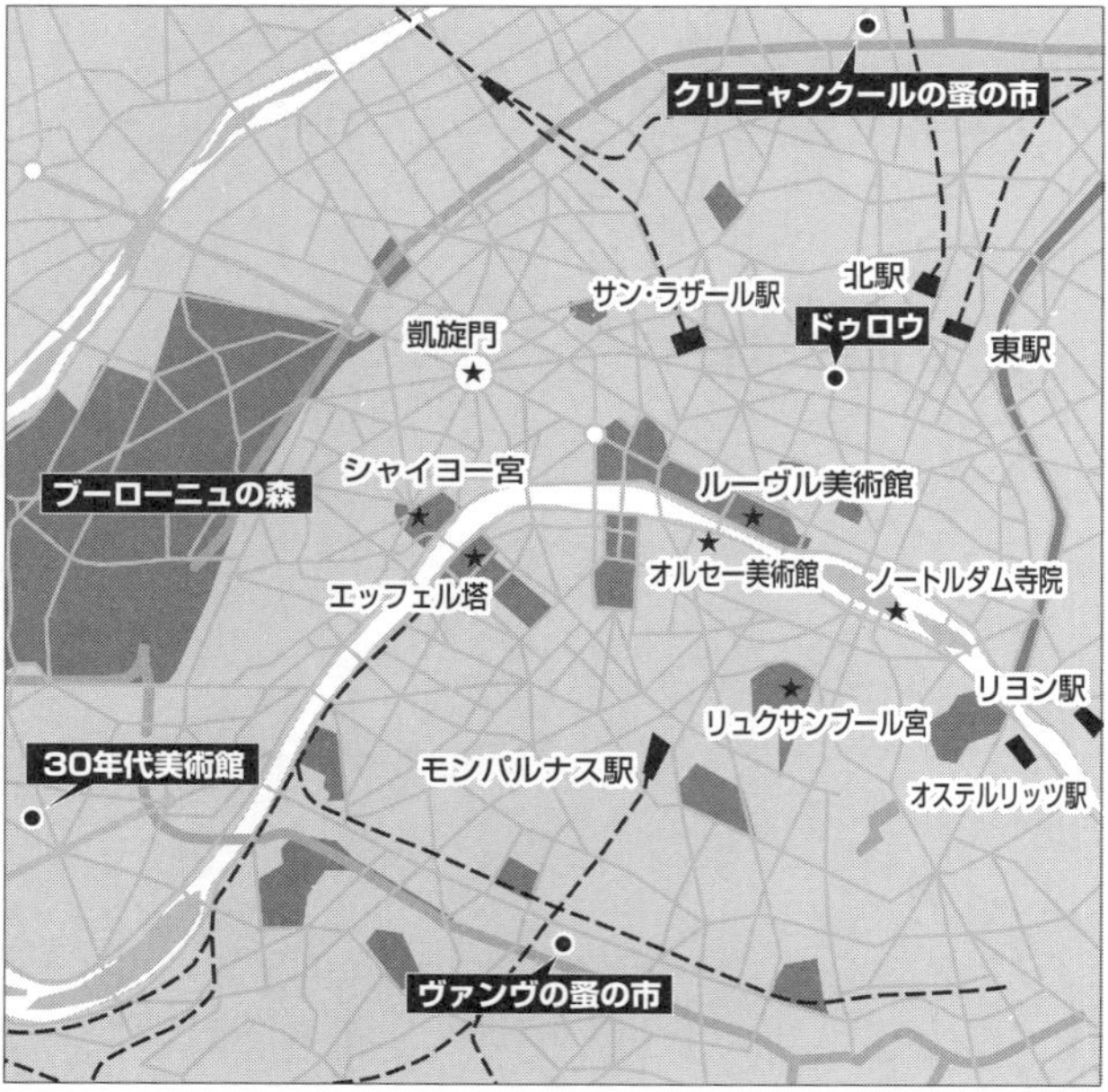

南フランス　Sud de France

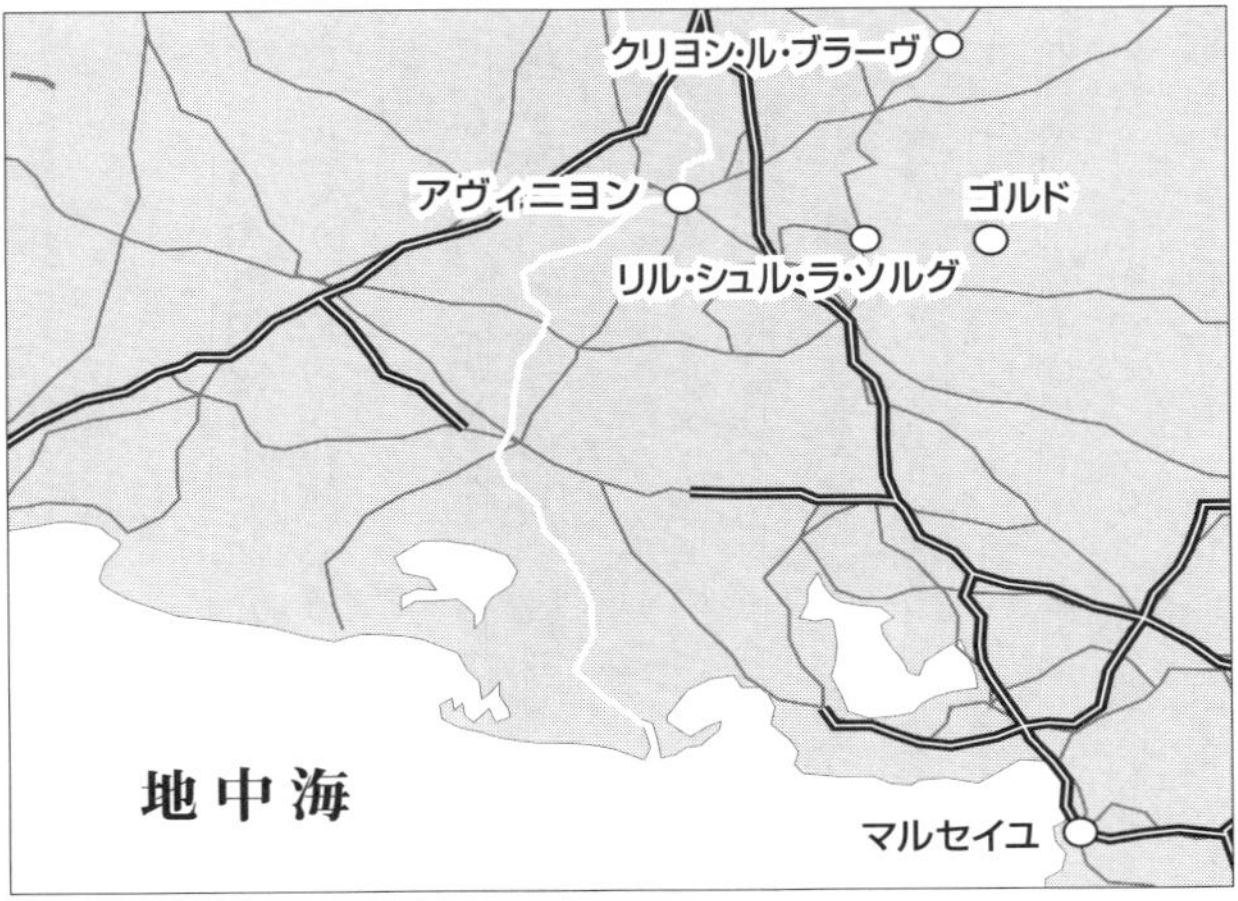

はじめに

「フランスの田舎に滞在し、パリとは違うフランスならではの魅力を日本に紹介したい」

そんな思いを抱えて1989年にブルターニュへ渡った私が、地方文化の水準の高さに感心するとともに味わったのが、アンティークを使う心地好《よ》さだった。

幼少時代から祖母と一緒に暮らしていた私の周りには、多分、他の家庭よりも「古い物」が多かったと思う。しかしながら日本では、「古い物＝飾るもの」という定義が一般的で、我が家でもアンティークを日常使いすることは皆無だった。

そんな私の概念を大きく変えたのは、フランスで最初に住んだブルターニュのシャトーホテルでの生活だ。客たちが外出して人気のない応接間に鎮座する18世紀のグランドマザーは、精一杯振り子を動かして200年前と同じ時を告げていたし、使い込まれたロココ・スタイルの家具は何度も布を張り替えられながら、今なお、現役だった。また、宿泊客用から従業員用へと格下げされた摩耗したシルバーのスプーンは、唇に触れるたびにアンティークのぬくもりが優しく、慣れないフランス語を強いられる食卓での時間を幸せなものにしてくれた。

私は渡仏する寸前まで料理雑誌の編集者を務めていたこともあって、フランス料理にもテーブルアートにも多大な関心を寄せていた。フランス滞在は2年目に入り、パリへ上京――。しばらくした後、シャトーで実際に見て触れたアンティークを学び始めたのは、当然の成り行きだった。私が通った私立のアート・スクール、IESA（Institut d'Etudes Supérieures des Arts）は発祥からスタイルの変遷はもちろん、アンティーク全般にわたって鑑定法を教えてくれる学校だ。市場の相場を軸として教えるアメリカと違って、フランスのアンティークの授業は歴史ありき。

授業で覚えた専門用語を一生懸命に筆記し、帰宅後に辞書と首引きで訳し、マレにある美術専門の図書館に籠《こも》って文献を繙《ひもと》いた日々。今思うと、仕事と両立しながらよく勉強したなあ、と思う。しかしながらそこでの苦労は、歴史の国フランスと、言葉に言い尽くせない、素晴らしい美術工芸品を生み出した彼らの自負を理解する上で大きく役に立った。

地方ごとに独自の歴史と文化が成り立つフランスは、時に複雑で理解するのが困難だといわれる。そんな懸念は、訪れた土地の骨董《こっとう》市を覗《のぞ》くことで解消されることが多い。なぜなら、そこには風土と人々の営みから必然的に生まれたアンティークが、ひしめきあっているからだ。アンティークはなにも洗練されたシャトーやパリの生活で用いられた物ばかりではない。むしろ日本の民芸品や民族衣装のように、一般的な庶民の暮らしを反映している物の方が多いのだ。

気に入ったアンティークが生まれた土地に一歩足を踏み入れると、初めてとは思えない、どこか懐かしい、慣れ親しんだ空気を感じる。歴史や文化に興味がある人にとって、骨董市散策ほど有意義な〝修学旅行〟はないだろう。

1

パリ
Paris

パリで見つけるアール・デコスタイル

1925年にパリで開催されたアール・デコ博覧会（現代装飾美術・産業美術国際博覧会）をきっかけに、植物や女性の曲線を生かしたアシメトリーなアール・ヌーヴォースタイルは影を潜め、その代わりに直線を生かしたモダンでジオメトリックなデザインが誕生した。それこそが、摩天楼のイルミネーションとそこに集うエピキュリアン（快楽主義者）を描いたフィッツジェラルド原作で、ロバート・レッドフォード主演の映画『華麗なるギャツビー』の世界を彷彿《ほうふつ》させるアール・デコスタイルだ。本来であれば「アンティーク」は、100年以上を経た美術品を指すという基準があるが、その基準を見事にくつがえし、アール・デコのオブジェは、立派な「アンティーク」として認められている。

工業生産が一般的になり、鉄骨やコンクリート、強化ガラス等の新しい素材が誕生し、派手な衣装で人々を魅了したロシアバレエが一世を風靡《ふうび》していた時代。アートシーンでは、マチスが唱える野獣派「フォーヴィスム」、アフリカのお面や草ビロードと呼ばれる布から着想を得てピカソが中心となる「キュービスム」が広まっていた。

化粧することが「はしたないこと」ではなくなったのも、アール・デコの時代だ。第一次大戦で表に出て働くことを強いられた女性たちは、自力で稼ぐ喜びを謳歌《おうか》し、「ギャルソンヌ」と呼ばれる短髪に、パリでブティックをオープンしたばかりのヘレナ・ルビンシュタインの真っ赤な口紅を引き、ウーマンリブの先頭を切るシャネルやランバンといった女性デザイナーのドレスに身を包み、革命的なスタイルが売りのカルティエのジュエリーでおしゃれした。アール・デコの時代は、ジェンダレスの走りでもある。

アール・デコ時代は、第一次と第二次世界大戦、二つの戦争の狭間。人々は戦争への恐怖を浮かれ騒いで忘れようとしていたかのように、着飾り、夜遊びに励んでいた。「ローリング・トゥエンティーズ＝激動の1920年代」とは、まさにそんな時代を表す言葉だ。

その時代、ロブシュ社では、磁器製のチャーミングな人形ランプやリキュールボトルを製造していた。また、コティーをはじめとする化粧品メーカーは、「働く女性」をターゲットに、女性好みの派手でポップなパッケージで次々に白粉《おしろい》や香水を発売した。フランスとアメリカを行き来していた豪華客船「ノルマンディー号」を飾った、高価でエキゾティックな材を用いたリユールマンの家具。そして、そのダイニングで用いられていた老舗《しにせ》シルバーブランド、「ピュイフォルカ」の純銀製のカトラリー。

パリに最高の宝飾職人が集まったのもこの時代だ。ダイヤやルビー、エメラルド等、宝石の魅力を最大限に引き出した、美しくゴージャスなハイジュエリーの数々。その一方で、大量生産で作られたとは思えないラリックのポエティックなガラス製品も、また、アール・デコスタイルなのである。

アンティークで好きな時代と聞かれたら、私は迷わず「アール・デコ」と答える。アール・デコデザインの幅は広いが、そのどれもが、都会にあってこそ映える「アンティーク」なのだ。

パリ、ブーローニュの森のはずれ、ブーローニュ・ビヤンクールは、30年代に普及したルノーの工場があり、そこで働く大勢の従業員のために生まれた新興住宅地だ。日本でもファンの多いル・コルビュジエは、小さな空間を無駄無く利用しながら、デザイン性の優れた建築を生み出す天才建築家。ブーローニュ・ビヤンクールには、彼のデザインしたアパルトマンが残っていて、美しく、使いやすいと評判である。

この町に1998年にオープンしたのが、30年代のアートを一堂に紹介する「ル・ミュゼ・デ・ザネ・トラント」。パリでは美術館ごとに、印象派は「オルセー」、近代は「ポンピドー」、現代は「ジュー・ド・ポム」と時代区切りでアートが所蔵されているが、85年以降、その価値が認知されだしたアール・デコスタイルにこだわる美術館は存在していなかった。そんな理由もあり、アール・デコの美術価値にかねてから目をつけていた館長のエマニュエル・ブレオン氏は、その時代と関わりの深いこの地に美術館をオープンすることを、市に呼びかけ続けたのだという。

昔を知る人は「まさかそんな値段になるとはねえ〜」と不思議がるが、昨今のアール・デコ人気は大変なものだ。暇さえあれば私がうろちょろしているドゥロウの競売場でも、アール・デコをテーマにしたオークションが定期的に開催されている。ブレオン館長の話では、歌手のバーブラ・ストライサンドらの有名人がアール・デコの家具をコレクションするようになってから、競売落札価格が跳ね上がったのだという。「今じゃ美術館でも買えません」と、氏は少し残念そうだ。まるでそれはバブル期の日本のアール・ヌーヴォー人気を見るようだが、最近やっと値段が落ち着き、当時、高値で購入したにわかコレクショナーは、今では手放すに手放せない値段になっているという。

オークション会場の内覧会の利点は、ミュージアムピースが実際手に取って見られること。競売吏は、競売に参加しない人にもそれを見せるのが義務だから、会場のショーケースの前で自分の番をおとなしく待ち、いざ順番が回ってきたら、好きな番号を好きな数だけリクエストして見せてもらえばよい。もちろん挨拶《あいさつ》も御礼も忘れず、礼儀正しくするのが基本だ。

人気の高いオークションは11時のオープンとともに人だかりができるので、なるべく早く行くのが好ましい。世界各国のディーラーに交じってエントランスのドアが開けられるのを待っていると、なんだかドキドキ、気持ちが昂揚《こうよう》してくる。本気で欲しいものがあったら「オルドル・ダシャ」という委託入札依頼書に希望価格とパリ滞在中の連絡先を書いておくと、その値段で落札されたときだけ翌日連絡がくる。気をつけなくてはならないのは、カードが使えない点と、落札価格に通常、手数料10・764%が加わって請求されることである。電話連絡の翌日以降、お金を持って競売価格査定官の事務所に出向けば、すぐに品物と交換してくれるしくみである。

❖ パリ、シャトゥーのアンティーク・フェア

年に2回開催されるパリ近郊、シャトゥーの骨董市《こっとう》は、パリのアンティーク好き「レ・シヌール」には欠かせない一大イベントだ。パリからは郊外線RERのA1線に乗り、ルイユ・マルメゾンかシャトゥーで下車するとたどり着く。

この市には、フォアグラから豚の丸焼き、ボルドーからブルゴーニュワインまで、フランス中の名産品のスタンドが立つので、晴れた日にはちょっとしたピクニック気分が味わえる。また、期間も2週間と長いのが、この市をめがけてパリを訪れる観光客にもうれしい。

先日この市で目立った掘り出し物も、やはりアール・デコ時代のものだった。一つは、当時のジャズ・クラブのポスターの下絵。これはシリーズで揃っていたが、アメリカ人でさほど有名なアーティストのものではなかったので、その日はブルーと黄色で描かれた派手な作品を1枚買うだけにとどまった。ぴったりと細身のスーツを身につけた男性といい、髪をボブに切り揃えた典型的な「ギャルソンヌ」の女性といい、カップルがその時代ならではの出《い》で立ちで、

お尻《しり》を突き出しユーモラスにチャールストンを踊っている。最近、カッサンドルやジャッカン等、その時代の作家のアンティーク・ポスターが人気だそうだが、腕の良いポスターアーティストがたくさん出現したのも、その時代ならではのことだ。この下絵は時代を物語る一つの典型的なアイテムと、結構気に入っている。

もう一つのお値打ち物は、セーヴル王立窯《がま》やリモージュ窯で手腕をふるった陶磁器デザイナー、ジャン・リュスの80ピースのディナーセット、1500ユーロ。ジャン・リュスはコレクショナーもいる有名デザイナーで、作品のほとんどがお客からのオーダーメードで作られていて数が少なく、プロでも見つけ出すのは至難の業だ。私も20年弱アンティークを見続けているが、このボリュームのセットを見たことは、まだ3回しかない。

通常、ディナーセットはオーダーした人のイニシャル入りだが、このセットにも、アール・デコならではのジオメトリックな字体で、ボルドー色のJとDの文字が入っていた。このセットとピュイフォルカの不滅の銘品「ノルマンディー」カトラリーシリーズをセットでサービスできたら、とても素敵な晩餐《ばんさん》となるだろう。ダイニングルームには、アール・デコ時代に流行した、エベーヌ・ド・マカッサーと呼ばれるアフリカ産の黒檀《こくたん》の家具があるとなお良い。黒と白の市松模様の大理石のエントランスにはマイヨルの彫刻、壁にはタマラ・ド・ランピカの絵をかけて……。ン？　待てよ。この映像はパリ左岸のアール・デコホテル、オテル・リュテティアとだぶっているではないか。

暫《しば》し、私はパリに生きたであろうスタイリッシュなお金持ち、ＪＤさんのお宅に勝手にお邪魔した気分だった。

❖ レ・シヌールの喜び

先ほど「レ・シヌール」という言葉が出てきたが、フランスのアンティーク・コレクショナーの間では、会話のなかで「シネ」という単語がよく飛び交う。仏和辞典には「古物を売買する」ことと書かれているが、一方で「ひやかす」、はたまた「だまして摑《つか》ませる」のも「シネ」だ。不思議にとっても納得できる言葉ではないだろうか。真面目な古物商がたくさんいる一方で、同じ数だけ怪しげな人がいるのもアンティークの世界。そしてその魅力も同時に「シネ」の面白みというわけである。

フランスには、毎週のようにマーケットを漁《あさ》って「シネ」する人たち、「レ・シヌール」が全国にいる。そうした「レ・シヌール」の間で愛読されているのが『アラダン』や『レ・シヌール』『レ・ザンティキテ』等のアンティーク情報誌だ。また、アシェット社からは『アン・グラン・ウィーク・エンド・プール・シヌール』というコレクショナーのためのマーケットガイドが発刊されている。

彼等はこうした雑誌やガイドで訪れるべき大きなフェアの日程やコレクショナー同士の情報

クリニャンクールは、大小13のマルシェで構成されるパリ最大の蚤の市だ。

をチェックするのが日課だ。それが証拠に、こうした雑誌の巻末には「初版の『アストリックス』2号目2冊所有。15号目と交換希望！」といった読者同士の情報交換広告をよく見る。

また、競売場、ドゥロウが発刊する『ガゼット』には、前の週に開催されたすべての競売結果が掲載されていて、一目で今どんなアンティークが値上がりしているかが分かる。資産家の間では、アンティークは株の売買と同じこと。ただし、上はレンブラントの絵画から下はヴィンテージのドレスまで、アイテムも値段も様々。自分の身の丈に合ったカテゴリーで一般人にも「アンティークで儲《もう》ける」楽しさが、味わえるわけだ。

「レ・シヌール」の本業はいろいろだ。例えば2つ星ガストロノミック（美食文化を追求する）レストランのオーナー、ミッシェル・ロスタンさん。彼はベル・エポックの時代に大流行したロレーヌ地方の陶磁器「バルボティン」や30年代のある短期間製作されたロブシュ社の磁器の蒐集家《しゅうしゅうか》であり、納得するまで集めるとそれを上手に飾り付けたビストロをオープンさせていた。一時は6軒もの店を経営していたこともあるという筋金入りだ。また普段は会社の役員でも、「週に一度、蚤《のみ》の市のホコリの香りを嗅《か》がないと具合が悪いの」と冗談めかして言う、私の友人のクレールも「レ・シヌール」のひとり。

工芸博物館を訪れたり文献を繙《ひもと》きながら「レ・シヌール」は熱心に研究を積む。また、ルーヴル美術館が経営する国立の美術学校や、鑑定法を学ぶ私立の専門学校もある。クレールと私が知り合ったアンティーク鑑定士養成学校は、バカロレア合格後の学生が通う専門学校である一方、プロやアマチュアの「レ・シヌール」向けのアダルトのクラスが設けられていた。小物全般を扱うアンティーク商が「何か自分のスペシャリテを見つけたい」とか、アンティーク初心者が「親から譲り受けたピュイフォルカのシルバーの由来を知りたい」とか、目的はみなそれぞれだったが、夜間のクラスに出席すると、真剣な面持ちで「鑑定」や「市場」に関する授業を受ける「レ・シヌール」で溢《あふ》れていた。

❖ カテゴリー別アンティーク・マーケット

フランスのアンティーク・マーケットにはいくつかのカテゴリーがある。一番高級なのは「サロン・デ・ザンティケール」と呼ばれるもので、最も有名で高級なのが2年に一度パリで開催される「ビエンナーレ」。他にも大都市の広場にテントを張ったり、展示会場のような場所を会場にして開催されるアンティーク・フェアがある。

会場には赤絨毯《じゅうたん》が敷き詰められ、ブースの造りも凝っている。出展者は、世界中で名高いアート&アンティークディーラーたち。彼らがシャンパン片手に、見るからにコレクショナーらしいきちんとした身なりのお客たちとアート談議を交わしている様子も「サロン・デ・ザンティケール」ならではの風景だ。感覚的にいうと、彼等は「レ・シヌール」ではなく、「レ・コレクショヌール」と呼ぶのが適切だろう。

ドゥロウ競売場では、
最近、中国人のコレク
ショナーの姿が多く見
受けられる。

アンティーク商は、人
生を謳歌する達人？
客待ち時間も無駄にせ
ず、トランプに熱中。

カントリー・スタイルのブームで急激に値上がりし、掘り出し物が減ったキッチン用品類。

愛らしいアンティークのボタンやレースでカスタマイズする手芸ファンが増えている。

月曜のクリニャンクールは人も少なく、ゆっくりアンティークを見て廻るのに適している。

次のカテゴリーは、「フォワール・ア・ラ・ブロカント」。「フォワール」は見本市だし、「ブロカント」は古道具のことで、リル・シュル・ラ・ソルグの大アンティーク・マーケットはまさにこの「フォワール」なのだが、マーケットによっては「サロン・デ・ザンティキテ・エ・デ・ブロカント」いうものもあって分かりにくい。目安としては、ポンパドゥール夫人がパトロナージュしていた王立窯のセーヴル焼や、ジュモー作のビスク・ドール、ピカソの陶磁器など、ン百万円のブランド的アンティークを探すなら「サロン」へ、リモージュ焼やテディベア、ピカソのリトグラフ等、日常使いできるアンティークなら「フォワール」へ、と言い換えれば分かりやすいだろうか。

その次が「デバラージュ」。仏和辞書にあった「露天の見切り売り」というのが的を射ているが、言うならばプロからアマチュアまで、持ってきたものの荷をほどいて、その場で売る放出会のようなもの。毎年9月に開催される、北の町、リルのマーケットやプロヴァンスのバルジャックのマーケットがまさにそれで、掘り出し物から、「何これ?」と目を疑うようながらくたまで、自分の審美眼だけが頼りになってくるのがこのマーケットだ。

最後が「ヴィッド・グルニエ」で、その名の通り「屋根裏部屋を空にするための掃除」。素人が、取るに足りないものをフリーマーケット気分で販売しているのが普通だが、なかには年若い少年が、こづかい稼ぎにおばあちゃんが大事にする先祖の忘れ形見を屋根裏からこっそり運び出して売った結果、それが価値ある「お宝」だった——なんていう偶然があるのも、この「ヴイッド・グルニエ」の楽しさだ。

他にも、パリなら地下鉄の終点駅付近で開催されるクリニャンクールやヴァンヴの市等、たいていは各町に毎週定期的にオープンする蚤の市「マルシェ・オ・ピュス」がある。マーケットのイメージとしては、100軒の市なら半日、300軒だったら1日、それ以上であれば2日以上かけて見るくらいのつもりで出かけるとよい。また、「フォワール・ア・ラ・ブロカント」でなら80％、「デバラージュ」や「ヴィッド」では100％の確率で現金のみの取り引きになる。マーケットには大抵移動トラックでやってくるプティ・ビストロが設置されているが、なかには小銭でないと飲み物さえ購入できない場合もあるので、現金でも大小取り混ぜて出発するのが賢い。

いずれにしても本気の「レ・シヌール」たるもの、「フォワール」から「ピュス」まで幅広くカバーし、朝一番にマーケットに駆け付けるくらいの心意気が欲しいものだ。

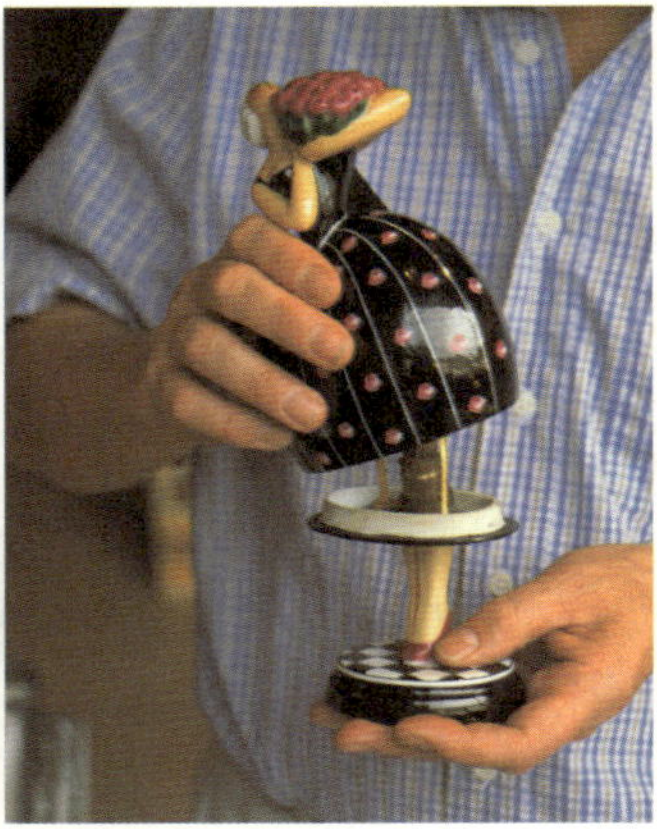

銀彩がスタイリッシュなリモージュの陶器。アール・デコの時代はデザインだけでなく素材も高品質。

熱で香油を香らせる「ブリュール・パルファン」は、香りの国ならではのアンティークだ。

日々役立ち使用されたことによって生まれる、アンティーク家具の風格。傷さえも愛おしい。

背の低いラリックのシャンパングラスは、アール・デコ時代の限定モデルだ。

修道院で作られる薬草酒やりんごのリキュール用に作られた、修道士や農夫形のボトル。

ルイ・ヴィトンの船旅用大型トランクは、サロン用コーヒーテーブルとして人気がある。

30年代美術館　Musée des Années 30

住　所｜Espace Landowski, 28 av André Morizet 92100 Boulogne-Billancourt
T E L｜01-55-18-53-00
U R L｜http://www.annees30.com/
開館時間｜11時〜17時45分。月曜、祭日、8/15〜8/30閉館

ダンスした相手の名前を書きとめておく舞踏会の手帳。

ドゥロウ競売場　Drouot

住　所｜9 rue Drouot 75009 Paris
T E L｜01-48-00-20-20
U R L｜http://www.drouot.fr/

パリ市観光会議局　Office du Tourisme et des Congrès de Paris

住　所｜25 rue des Pyramides 75001 Paris
T E L｜08-92-68-30-00
U R L｜http://fr.parisinfo.com/

2

プロヴァンス
Provence

見所満載のプロヴァンスへ出かけるなら…

昔から、中国や日本では「磁器」の原料になるカオリンが困難なく手に入った。そのため、私たち日本人にはカオリンを含む陶土等の原料を高温で焼き締め、釉薬《ゆうやく》をかけてガラスのようにした白色半透明の焼き物——磁器が一般的だ。

それに対してヨーロッパで磁器が生まれたのはやっと18世紀になってからのこと。高級陶磁、セーヴル焼やリモージュ焼はもちろん知られているけれど、現在でもフランスで陶磁器といえば、素地が多孔質でやや吸水性があり、ぽってりした風合いの「陶器」が一般的で窯元《かまもと》も多い。

そんな理由でフランス陶磁の歴史では、私たちにはちょっと遠い存在の「陶器」の話が中心になる。窯元の鑑定法としては、釉薬の下に隠れる素地の色や重さ、また窯入れの方法等で判断するのだが、同じ時代には同じようなモチーフが流行していたりするので、判断は非常に難しい。勉強して窯元を数知れば知るほど、その判別が困難になるという奥深さなのだ。

❖最高のアンティークは美術館にある

フランスで陶器の窯が多いのは、火をおこすための木が豊富なアルザスや、河川を用いて原料や完成した製品を運ぶことが可能なロワール河周辺。また、粘土質の赤土が原料として使用可能な南フランスである。特に南フランスには17世紀から続くマルセイユのサン・ジャン・デュ・デセールという有名な陶窯があった。代々名工を産んだクレリシィ一家はこの窯元の第一人者であり、初代ピエールの時代はイタリア、ルネッサンス・スタイルの陶器を模した写しで大いに栄えたという。

その後、クレリシィ一族は分家し、同じ手法で同じモチーフの陶器を少し北のムスティエでも作り始めた。磁器が発明されていない17世紀、赤土の素地を隠すためにかけられた厚くて白い釉薬が特徴のムスティエ窯は描かれたモチーフを際立たせるものとして珍重され、当時の王侯貴族が欲しがる高級窯だった。

16世紀に南アメリカからスペインに渡ってきた「ジャガイモ」の花やグロテスク柄、また、18世紀、ロココの時代の投げ入れ花や中国人模様が特に有名だ。華やかな黄色やブルー、ピンクを基調にした色合いも王侯貴族に愛された理由だろう。現在これらの皿は、コレクショナーの間で1枚15万円前後で取り引きされている。

マルセイユの高台からは『巌窟王』の舞台になったイフ島まで見渡せる。

マルセイユには、ローマの遺跡やロマネスク・スタイルの建物が点在している。

丘の上にあるノートルダム・ド・ラ・ガルド寺院は、モザイク装飾が素晴らしい。

小さいながらも荘厳な金色のマリア像は、長年マルセイユの船乗りたちを見守ってきた。

夕方になっても西日がきつい南仏。やっとこさ日陰を見つけてくつろぐ猫の姿が。

パリやアルザス、リモージュにも陶磁器美術館は存在するが、南仏の陶磁器を中心に集めた美術館はマルセイユならではのもの。南仏には仕事やプライベートで何度も訪れていたが、陶磁器をきちんと見ることを目的にマルセイユの陶磁器美術館に出かけたのは、ある、暑い夏の日だった。

マルセイユ陶磁器美術館は、町の中心にある旧港から延々バスに乗った、町外れのシャトー・パストレにあった。バスのなかには浮き輪やゴムボートを抱え、これから海水浴を楽しむ予定の家族づれや、何かの目的で町外れまで出かける地元民がたくさんいた。小一時間もバスに揺られていただろうか。そんな乗客たちもまばらになり、最初は楽しかったバスからの風景も見なれない町のそれに変わり、「本当にこのバスでよかったのか？」と若干不安になってきたとき、前のほうから「美術館に着いたよ！」と教えてくれる運転手の大きな声が聞こえた。知らない町でバスに乗るのは勇気がいるものだ。目的地できちんと降りるために、私は乗ったときに運転手に目的地を告げ、「着いたら教えて」と頼むことにしている。

しかしそのときばかりは、バスを降りても不安はすぐには消えなかった。廻《まわ》りは工事現場のような赤土の空き地が続くばかりで、美術館らしいものがなかったからだ。どうやら目の前に広がる庭園の、そのずっと奥に美術館があるらしい。

さて、この炎天下のなか、どのくらい歩かなくてはならないのだろう？　城の規模にもよるが、通常、城の庭園には城主のために野菜を作る農家があり、鶏や豚を飼い、パンを焼く小屋や馬具を置く車庫があるのが普通だ。私の不安を察するがごとく、そこには「ミニ・トレイン発着所」があった。棚からぼたもち、渡りに船とはこのこと。

しばらく待つと、車両はわずか2両だが、町めぐりで観光客を乗せるような小さな電車がやってきた。城の入り口まではそのミニ・トレインで約7分。エントランスまでの道のりには日陰になるような木は一本も無く、グランドや花壇が続くだけだった。ちょっとだけ待ち時間とお金を節約してしまった観光客の背中に、太陽がジリジリと照りつけている。無言で黙々と歩き続ける彼らの脇をミニ・トレインに揺られ、心地よい風すら感じながら通り過ぎたとき、ホッとした気持ちと、ほんの少しの申し訳ない気分を味わった。

かつて市が所有していた陶器はボレリィ、ボザール、カンティーニと、マルセイユにあった三つの美術館に散らばっていたが、それらとコレクショナー、ジュルダン・バリーのコレクションを一体化させ、18世紀から今日に至るまでの、マルセイユ、プロヴァンス、そしてフランス各地の最も素晴らしい陶磁器を展示したのがこの陶磁器美術館だ。

一般的にはパリの夏は涼しく乾燥していて、クーラーは必要ないとされている。その証拠に一般家屋にクーラーは皆無、公共施設でも完備されていることはまれだ。とはいえ、その定説はこのところの猛暑でくつがえされつつあるのが事実。3年前の夏、教室のレクチャーをセーヴル美術館で開催したときも40度近い熱気のなか、私自らめまいを起こして倒れそうになった苦い経験がある。

Hostellerie de Crillon le Brave

オステルリー・ド・クリヨン・ル・ブラーヴ

夏は、このぶどう畑を見下ろす屋外のテラスがバーになり、ダイニングになる。

爽やかなガスパチョは、夏ならではのスープだ。唐辛子の辛みが食欲をそそる。

セージ風味の蟹のラヴィオリ。軽い口当たりのクリームで、もたれない。

飲んでみたい南仏ワインをカーヴで選んで、食事時に楽しむことができる。

テラコッタの屋根が特徴的。いくつもの別館が集合して、ホテルを構成している。

それにひきかえ、かつては個人所有だったシャトー・パストレは19世紀に建てられた美しい大理石の城で、ばっちり冷暖房が完備されている。また、地下1階から地上3階のフロアにはコレクションが系統だてて陳列され、絶好の環境で〝本物〟を鑑賞できる。

私が訪れたときは、たまたま「火の色によって」という展覧会も開催されていて、ピカソやマチス等の南仏ゆかりのアーティストの陶磁器だけでなく、藤田《ふじた》嗣治《つぐはる》やバウハウスの流れを引くアーティスト、ジャック・ヴィロンの作品も展示されていた。陳列台の下に首を伸ばして確かめたが、コレクショナー垂涎《すいぜん》もののルノワールの陶器には巷《ちまた》の噂通りサインがないという事実も、このときに学んだことだ。

南仏の陶磁器の村を訪れると、その風土がどんな風に作品に影響を与えたかを肌で感じることができる。ムスティエの黄色はひまわりの色だし、紫はラヴェンダー、ブルーは雲ひとつ無い青空の色だから。インターネットや雑誌であらゆる情報が手に入る時代が訪れたけれど、百聞は一見にしかず。やはり、その工芸品が作られた現場に身を置き、この目で確かめた〝一流〟は、その場の空気感や匂いとともに、脳裏に焼き付いて離れない。

❖ アンティークめぐりは快適に

アンティークめぐりの旅は、気候も良くマーケットの数も多い南仏から始めるのがお勧めだが、旅は道連れ――私の「アンティークの旅」には、絶好のパートナーがいる。その名もクレール・カルパンティエ。英語だったらカーペンターさんだから、彼女の昔々の先祖は大工さんだったのかもしれない。彼女は私と同じアンティーク鑑定士養成学校ＩＥＳＡを卒業していて、本業はＳＦＲという携帯電話会社のエンジニアリング部長を務めている。

２人の共通の研究テーマは「アンティーク・ジュエリー」だが、同じスタンドにいても私の目に飛び込んでくるのが「ビジュー・ド・プロヴァンス」と呼ばれるその土地に根付いたポピュラーな物に対し、宝石の石自体に興味がある彼女が手に取るのは大きな目立つ石が付いた物。パートナーがいると、同じマーケットを訪れても自分では見つけられない物が探し出せる。それが１人で黙々と散策するのとは違った、パートナーと一緒の旅の醍醐味《だいごみ》なのだ。

もともと、産業が何もない辺鄙《へんぴ》な村で村起こしを目的にアンティーク・マーケットを開催することは、歴史のなかでよくあることだった。日曜日に許可なしで店をオープンすると罰金を払わなくてはならない、というパリでも「店でお金を遣う代わりにアンティーク・マーケットでお金を遣おう！」というのが市の活性化を図る新たな計画らしく、現在は毎週末あちこちでアンティーク・マーケットが開催されている。

そんなアンティーク・マーケットは、だだっぴろい空き地にテントが立って、というのが最もポピュラー。しゃがんでは物色、しゃがんでは物色と一日歩き回って、ふと足下を見ると、夏は素足の膝《ひざ》まで、冬はジーンズの膝まで土ぼこりで真っ白けという場合が多い。日本ならそ

階段の脇に置かれた大きなジャポニスムの壺は、1900年の万博に出展されたものだ。

子供が描いたような稚拙な絵柄が個性的。釉薬のグリーンは南仏陶器ならではの色だ。

石工が中心になって結成されたという秘密結社、フリーメーソンの象徴が描かれた皿。

20世紀初頭には、日々の暮らしに用いる美しい食器類が多く誕生した。

花綱と田園風景は、18世紀後半のネオ・クラシシスム時代に愛されたモチーフだ。

ブルーがかったグリーンの花柄は、18世紀後半、オノレ・サヴィによって誕生した。

エンジェルが付いたマイセン風の野菜料理用の器。（36～37頁は全て陶磁器美術館所蔵）

アール・ヌーヴォーの時代は、南仏でもこのようなジャポニスムな陶器が作られた。

の足でさくさくっと食事を済ませて、となるわけだが、そこはフランス。そんな恰好《かっこう》で食卓につくことは許されない。シャワーを浴びて、汗と一緒に仕事の疲れやその日起きた心の片隅にひっかかったままの人間関係のしこりを洗い流し、身だしなみを整え、新たな気持ちで食事に臨むのだ。

フランスの夏は夕暮れが20時過ぎてからなので、暮れなずむ景色を眺めながらのアペリティフタイムが欠かせない。南仏なら、セザンヌやゴッホも愛したアニスのお酒を水割りにし、その白濁した不思議な色と独特の香りを楽しむ……。一日の様々な場面をドラマのように演出するフランスならではの習慣は、日常を重んじるフランスで学んだ素晴らしい経験の一つだ。そんなこともあって私たち2人の旅には、何はなくとも素晴らしい夜と夜明けを約束してくれる「快適なホテルを予約する」ことが暗黙の了解になってくる。

日本にお盆があるように、フランスでも8月15日が聖母被昇天の祭日だ。その日を境にした4日間、南仏、アヴィニヨンから車で30分の小川の流れる美しい村、リル・シュル・ラ・ソルグで開催される大アンティーク市を訪れることを、私たちは毎夏楽しみにしている。リル・シュル・ラ・ソルグとは、フランス語で〝ソルグ川に浮かんだ島〟という意味で、その名の通り、鴨や水鳥がのどかに泳ぐきれいな川と、中洲を中心に広がる村だ。

1966年に村起こしを目的にアンティーク・マーケットが開催されて以来、この村には週末ごとに多くのアンティーク商が集まってくる。この聖母被昇天の祭日と春の復活祭の前後は業者の数もぐっと増えて、村の八つの広場にスタンドが出る。常設の店と合わせるとおよそ500店以上。何しろその規模は圧巻で、3日かけてやっと見終わるほどなのである。

本気の業者さんには、観光客も少なく割引率も期待できる春がお勧めだが、私たちがこだわるのはやはり8月。

朝起きたら、まずはプールでひと泳ぎ。その後、テラスで取る栄養満点の朝食。アンティーク・マーケットでは、照りつける太陽を肌で感じつつ気になる品物を冷やかし、村をそぞろ歩く。都会の生活にはダイエットが日課だが、このときばかりは腹時計に従って食べたい物を食べ、疲れたら木陰に陣取り冷たい飲み物で喉《のど》を潤す。私たちにとっては、まさにのどかなバカンス気分を満喫できるこの季節が最適である。

ディナーが始まる21時までは、時間もたっぷりある。アンティーク散策の後には、敵の襲来を逃れるためにアクセス困難な丘の上に築かれた風光明媚《めいび》な町、ゴルドや、見事なラヴェンダー畑が広がるベネディクト派の流れをくむセナンク修道院を訪れ、周辺の観光も楽しみながらホテルに戻る。こうした盛りだくさんの充実した旅に、どれだけの仲間が同行したことか……。

2003年には教室の生徒さんも加え、総勢12人の旅となった。

グランドキャニオンのようなきり立った山間の村が、陶器で名を馳せたムスティエ村だ。

馬蹄は家のお守り。飾り方はキリストのC形、幸運が落ちないようにU形など、数説ある。

ムスティエの村では、路地の先に思いがけない美しい風景が待ち受けていることが多い。

クリヨン・ル・ブラーヴの村は、夜もライトアップされていて美しい。

アンティークのインテリアが楽しめるプロヴァンスのお勧めホテル

ラ・ミランド La Mirande

ドイツ人の装飾デザイナーが経営する4つ星ホテル。アヴィニヨンの中心で観光にも便利。レストランもミシュランの星付き。アンティークなキッチンを利用するシェフの料理教室では、実演を見た後、世界中から集まった参加客と共にファミリアルな食事会を開催。他ではできない経験が楽しめる。

住所	4 place de la Mirande 84000 Avignon
TEL	04-90-14-20-20
FAX	04-90-86-26-85
e-mail	mirande@la-mirande.fr
URL	http://www.la-mirande.fr/
ツイン	295ユーロ〜

ラ・バスティード・ド・マリー La Bastide de Marie

ピーター・メイルが滞在していた村にあるホテル。朝食からアペリティフ、ディナーまでが滞在費に含まれていて、友人の家に招かれたような気楽な雰囲気で楽しめる。どこを撮影してもフォトジェニックなインテリアが一見の価値あり。

住所	Route de Bonnieux Quartier de la Verrerie 84560 Ménerbes
TEL	04-90-72-30-20
FAX	04-90-72-54-20
e-mail	bastidemarie@c-h-m.com
URL	http://www.labastidedemarie.com/
ツイン	450ユーロ〜（朝食・夕食込み、2人分）

❖ インテリア・デコレーションのヒントにもなるホテル

このソルグの旅の常宿は、そこからまた30分ほどのヴォークリューズ山脈の麓《ふもと》にある、ぶどう畑に囲まれた小高い丘の上に立つ「オステルリー・ド・クリヨン・ル・ブラーヴ」だ。南仏プロヴァンスは、かの有名なイギリス人、ピーター・メイルが一躍世に知らしめたが、地元民は長い間その魅力に無頓着《むとんちゃく》だったようだ。そこに風光明媚なプロヴァンスの噂を聞き付けた外国人が訪れるようになり、俄然《がぜん》土地の価値が評価されだした。テレビや雑誌で紹介されたのも手伝って、瞬く間にプロヴァンスは世界中で憧《あこが》れのカントリーサイドとして話題になったのだ。

実際に年間通して暮らしてみると、猛威を振るうミストラル（冷たく乾燥した北風）に辟易《へきえき》したりと一長一短なことも多いのだろうが、そんな憧れの地、プロヴァンスには、外国人オーナーが南仏の素敵なところだけを上手にピックアップして作り上げた夢のようなホテルが多い。「オステルリー・ド・クリヨン・ル・ブラーヴ」も例にもれず、発起人はパリ郊外、フォンテーヌブローのビジネススクール、インシアードの卒業生であるカナダ人とイギリス人の2組のカップルだった。

インシアードは世界に名だたるエリートがＭＢＡを取得しに集まる大学院である。ホテルオーナーたちは、オープンと同時に卒業生にダイレクトメールでホテルの存在を知らせた。同級生は、すでに年収ウン千万円の一流企業のヤングエグゼクティヴたち。場所は憧れのヴァカンス地、プロヴァンス。アメリカンタイプのゴージャスなホテルにマンネリを感じていた同級生たちは、プティホテルの温かみのある高級感に興味をもち集まってきた。彼等の狙い通りマーケティングは大成功し、その後、口伝えでホテルの名はたちまち広まったという。

南仏ならではのテラコッタの屋根、マスタード色の土壁。そしてインテリア・ファブリックにはソレイヤード等、プロヴァンスの草木染めをふんだんに使う。使い古されたアンティークを配したホテルのインテリアは、いつ訪れても何十年も前からそこにあるような居心地の良い雰囲気に包まれている。

アンティーク家具を知らなくても聞き覚えのある「猫脚」とは、ルイ15世やポンパドゥール夫人が生きたロココの時代の典型的スタイルの家具だ。実際は、Cラインの曲線を描くこの脚のスタイルは、イタリア語の〝カプレオルス〟を語源に、膝を伸ばしながらピョンピョン跳ぶ、バレエ用語の〝カブリオル〟、いわば山羊の脚をモチーフにしたものを指す。この「猫」いや「山羊脚」も、プロヴァンスでは蹄《ひづめ》まできちんと模しながら「鹿脚」で作られているのが特徴だ。また、太陽の日差しのなかで映えるように、明るいパステルカラーにペイントされている物も多い。その他にも、この地方でしか見られないパンを保存するための壁付けのタンスやストローで張られた素朴なベンチやクルミ材の大型チェスト等、美術館や文献で学んだプロヴァンスの家具がそこでは日常使いされている。

陶磁器美術館 Musée de la Faïence

住　所	Château Pastré 157 av de Montredon 13008 Marseille
TEL	04-91-72-43-47
開館時間	10時～17時(10/1～5/31)、11時～18時(6/1～9/30)。月曜、祝日は閉館

セナンク修道院 Abbaye de Sénanque

12世紀に建てられた初期ベネディクト派の流れをくむ、シトー修道会の教会。現在でも修道院は機能していて、精神的な修行を続ける修道士たちの姿が見られる。

行き方	ゴルドからD117を車で10分。
TEL	04-90-72-05-72
開館時間	内部見学はガイド付きツアーかミサのみ可能。時間はホームページで確認。
URL	http://www.senanque.fr/

オステルリー・ド・クリヨン・ル・ブラーヴ Hostellerie de Crillon le Brave

住　所	Place de l'Eglise 84410 Crillon le Brave
TEL	04-90-65-61-61
FAX	04-90-65-62-86
e-mail	crillonbrave@relaischateaux.com
URL	http://www.crillonlebrave.com/
ツイン	170ユーロ～

20時頃から刻々と色を変える南仏の夏の空。これを眺めながら食前酒を楽しむのも一興だ。

取材もしたし、友人もたくさん連れて行った。ここで見たアンティークに惚《ほ》れ込み、触発されて翌日のマーケットめぐりで「同じようなものを獲得する！」とはりきった人も多い。地元の家屋に入る機会のない観光客には、真似したくなるような素敵なインテリアを味わうことのできるホテルに滞在することも、その土地の風土に合った暮らしを知るうえでは大事なポイントなのだ。

このホテル以降、プロヴァンス・スタイルを打ち出すホテルはいくつもオープンしたが、付かず離れずお客をもてなしてくれるここほどバランスのよいサービスを提供するホテルも珍しい。3つ星から始まったホテルは現在4つ星デラックス。また、ルレ・エ・シャトー協会にも登録し、部屋数も20部屋以上に増えた。若いオーナーたちは去り（今はもっと当たるビジネスをしているのかもしれない）現在は別のオーナーに変わったが、出来た当初からのホスピタリティー溢れるサービスとインテリアの傾向にはまったく変わりがない。自分でカーヴに出向いてワインを選ぶシステムや、クレールが大好きな「メロンのフリット」をはじめとする、プロヴァンスならではの美味《おい》しい料理も、また。

3

プロヴァンス
Provence

南仏のアンティーク村、リル・シュル・ラ・ソルグ

中世の頃までヨーロッパでは綿の栽培が一般的でなかったため、たやすく手に入る布は麻や毛織物だけだった。当時、マルセイユはヴェネツィアと同様、貿易港として栄え、シルクロードを通って中央アジアから綿や絹が持ち込まれた。ゴワゴワする麻や重くもたつく毛織物とは対照的な軽い綿や絹は、ドレスの素材として珍重され、高額で取り引きされたという。それに伴い町には、素材を加工する仕立て屋や染色店が、続々オープンした。

15世紀になるとマルセイユは、本格的にスペイン風のシルク・ビロード地やアラブ風の緞子《どんす》の製作に乗り出す。そして、17世紀には港町という利点を生かし、集まってきた様々な資料をもとに外国の技術を模倣したプリント技術を磨き、手彫りの型を用いたインド風の「生命の木」や草花、また、鳥や蝶《ちょう》柄を草木染めプリントした「レ・ザンディエンヌ」を綿で作った。アルルに近いタラスコンにある「ソレイヤード社」の美術館では、こうした草木染めの技法や当時の布を展示しながら、プロヴァンスの布の歴史を詳しく説明している。

もともとマルセイユはフランスというより、イタリア、むしろアラブの影響が色濃い、独自の文化を持つ土地だった。そんな歴史の名残から、今でもカマルグまで南下すると、ロマの人々が多くなる。「レ・ザンディエンヌ」モチーフはその後も機会があるごとにヨーロッパで大流行し、19世紀にイギリスがインドを植民地化したときは、イギリス、フランスの様々な陶磁器メーカーがこのモチーフで陶磁器を製作したという。

長年「洗練」とは程遠かったプロヴァンスの貴族たちは北の貴族と結婚し、血縁関係が生まれることによって着る服も身に着ける宝飾品も次第に高級志向になっていった。城のインテリアにもヴェルサイユ宮殿に通じるような派手な貴族趣味が投影されてきたが、その一方で、マルセイユの織物工房が作り出すこうしたエキゾティックな布は洋服に姿を変え、フランス中に広まり大流行したという。

リル・シュル・ラ・ソルグは南仏、アヴィニヨンから車で30分の美しい村だ。週末になるとアンティーク商がスタンドを立て、ショップもオープンして村中がアンティークで埋め尽くされるアンティーク村として、マニアの間では有名な場所。特に4月と8月のフェアには南仏中のアンティーク商や、フランスはもとより海外からも噂を聞きつけてやってくるコレクショナーたちで村がごったがえす。私はこの村の雰囲気が大好きで、毎年仲間を誘ってはヴァカンスを兼ねてこのフェアを訪れることにしている。

Barjac バルジャック

高級品からがらくたまで、蚤の市の醍醐味が十二分に味わえるバルジャックの市。

一つあるとリッチな気分に浸れるシルバープレートのスプーンは、お得なバラ売りで。

転がり落ちて割れやすいカラフの蓋は、注ぎ口の大きさを測っておいてシネするのが通。

ポップな色合いが典型的な、フィフティーズの引き出し。実用的な家具は人気が高い。

小遣いでおもちゃを購入する子供のラ・シヌール。値段交渉も怠らないのはさすがだ。

様々な小物類を扱う業者が多いのが、バルジャックの市の特徴。探しづらいが、安い。

何度目かのリル・シュル・ラ・ソルグのアンティーク・フェアで、出発前から「今年こそ手に入れたい」と狙っていたのが、南仏ならではのキルト「ピケ・ド・マルセイユ」だった。「ピケ」とはフランス語で刺すという意味である。「ピケ・ド・マルセイユ」はマルセイユならではの手刺しのキルトで、13世紀に中央アジアのキルトを真似て作られたのが発端らしい。通常は綿の「レ・ザンディエンヌ」をピケした物が一般的だが、なかにはシルクタフタを植物の連続模様でピケしたような高級品もある。

また、マルセイユでは「ピケ」で、スカートにボリュームを出すために穿くジュポンや、ベッドカバー、膝《ひざ》掛け等が作られていた。「アンブティ」と呼ばれる40センチ足らずの真っ白な正方形のピケは赤ちゃんが誕生したお祝いに贈る物で、特別の道具を用いて、ピケしてから綿をつめるという凝った物だ。繁栄を意味する麦の穂や、収穫を意味するぶどうのモチーフを刺した物等、繊細でとても美しいのが特徴だが、用途はおしめ交換の際の座布団。そんな理由で、残念ながら染み付きの物も多い。

今でこそ、アンティークをリメイクした布をミシン縫製する「ピケ・ド・マルセイユ」のコピーがパリでも手に入るが、当時は南仏ならではの貴重な布製品だった。ましてや布は保存が難しいとあって、年々その数は激減している。「今、購入しておかないと、いつマーケットからなくなるか分からない」という、絶滅寸前の野生動物のようなアイテム。いつになく、気合いの入ったシネになりそうな予感がしていた。

❖ 等身大のピケを物色する

ヴァカンス気分で財布の紐《ひも》も緩むとあって、夏のリル・シュル・ラ・ソルグの売り上げは上々のようだ。最近ではパリの業者が夏のヴァカンスの間だけ店を借りて観光客目当てに商売をしている。業者のセンスもなかなかなもので、「この品物を購入したらこんな風に素敵になるんだ」と、購買意欲をそそるディスプレーはいつ見ても参考になる。

そんなアンティーク村のど真ん中、リル・シュル・ラ・ソルグの「顔」ともいえる一軒家のアンティーク・ショップが、古裂《こぎれ》研究家のミッシェル・ビーンさんの店だ。いちじくの大きな木が茂る庭に囲まれた3階建ての一軒家は、19世紀の典型的なプロヴァンス・スタイルだ。彼は、キッチン以外の1階と2階をブティックフロアとして利用し、それ以外を自宅として用いている。

そんな彼の店には、状態のよい、最高級の「ピケ・ド・マルセイユ」やプロヴァンスの古裂、そして、アジア、中近東まで幅広く網羅する壮大なコレクションが、所狭しと実際に使われているように陳列されている。18世紀の貴重なタペストリーや少しおどろおどろしいギロチンをモチーフにしたフランス革命直後のプリント地。また、昔の布をモチーフに、彼自身のブランドとしてインドで作らせているカシミール織など、他では見られない珍しい布が多く、訪れる

骨董市の間だけ広場に立つ蚤の市。ここの業者は期間限定なので、割引率も高い。

別荘客に人気のある大型で素朴な庭製品を扱う店が多く出店するのも、南仏の市の特徴。

リル・シュル・ラ・ソルグの中心には、人々が集う美しい小川が流れている。

きちんと手入れされて店頭に並ぶリネン。使うのが惜しくなるほど凝ったものが多い。

屋外のスタンドでは、安価なリネン類のなかから掘り出し物を見つけるのが楽しい。

雰囲気のあるバーカウンター。こうした什器は、日本のレストランやショップでも人気。

人気のシャンデリアはヴェネチア製。配線さえ変えれば、日本でも問題なく使える。

度に欲しいものがでてきて困ってしまう。

また、布だけでなく、中近東の女性たちが身に着けるプリミティヴなジュエリーや、料理上手としてもよく知られている彼の料理書も販売している。エアコンが効いた快適な室内で、日頃見ることのできない古裂の知識を肥やす——レ・シヌールには必見の店なのだ。

ビーンさんの布が素晴らしいのは、その後マーケットを探索すると一目瞭然《りょうぜん》。村中廻《まわ》っても1軒で5枚以上状態の良い「ピケ・ド・マルセイユ」を揃えているのは彼の店しかない。とはいえ、残念ながら1枚30万円のピケは私の懐具合には合わないのが事実だ。

実際、「ピケ・ド・マルセイユ」をシネして歩いて分かったことだが、柄が気に入り、かつ使えるアンティークを見つけるのは至難の業だった。布は風化して破れやすくなるし、カビや染みが浮いてくる。「ピケ」を見つけては広げ、見つけては広げを繰り返していると、柄が良いのにまん中に大きな染みがあったり裏地がビリビリに破れている物がどんなに多いことか。そんな「ピケ」を見るたびに、愛されずに忘れ去られた時を過ごしたアンティークの顚末《てんまつ》を見るようで心が痛んだ。

その一方で、今でこそ色褪《あ》せてこっくりした色合いに変色しているものの、黄色や朱赤、鮮やかなスカイブルーを基調にした18世紀の「レ・ザンディエンヌ」のピケは、さぞ派手な物だったろう、と往時の姿が目に浮かんでくる。曇り空のパリでこの布が生まれるわけがなく、太陽と赤土の大地、抜けるような青空と生い茂る草木のグリーンが目に眩《まぶ》しいこの土地だからこそ生まれ、人々に愛され続けた布なのだ。
「マイセン」の「シノワズリー（中国趣味）」柄を見ると、中国人にしてはやけに鼻が高い。多分中国陶磁の「模写」なのだろうが、そこにはヨーロッパ人の想像力が描き足されていることに気づいて、ほくそ笑まずにはいられない。それは「レ・ザンディエンヌ」も同様で、他のアジアの国々から日本に直接入ってきた唐草模様とは違ってフランス人好みが加味され、別のエキゾティスムを感じさせる独特の草木柄に生まれ変わっているのがおもしろい。また、マチスの平面的な絵にもよくアラブ風の布が描かれているが、これは「レ・ザンディエンヌ」を描いたのかもしれない。

ヨーロッパ色の強いティファニーブルーの無地のシルクタフタのピケにも心惹《ひ》かれたが、最終的にはブルーグリーンのベースに梅の木とハミングバードが描かれたシノワズリーなコットンピケを、約8万円で購入した。万博の影響でアジアの国々や植民地が注目された19世紀ならではのモチーフは、東洋人の住まうパリのアパルトマンに合いそうだったし、なんといっても裏打ちの小花模様が年代を証明する、とプロヴァンス工芸品の専門書に作品を貸し出しているコレクショナー兼業者のマダム・ルナーのお墨付きがあったからだ。

「繊細過ぎて受け付けられない」とクリーニング屋には断られてしまい、自分で洗う自信もないまま何年も過ぎてしまっているのが悩みの種だが、リル・シュル・ラ・ソルグの夏の思い出とともに大事に持ち帰った「ピケ・ド・マルセイユ」は、来客用のベッドカバーとして現役で

プロヴァンスらしい3
階建ての一軒家が、ビ
ーン氏の自宅兼ショッ
プ。飾り方も必見だ。

「レ・ザンディエンヌ」
と呼ばれるインド風の
花柄。これはその流行
を受けてフランスでプ
リントされたもの。

ビーン氏の店では、「レ・ザンディエンヌ」から藍染めまで、状態の良いキルトが揃う。

万博の影響を受けた19世紀後半のフランス刺繍には、アジア風の物が多い。

彫りも細かく美しいプリント用の型。かつてはこうした型を用いて手染めされていた。

背中をすっぽり覆う大判のカシミール・ストールは、19世紀のヨーロッパで大人気に。

活躍中だ。

❖ 使えるアート・オブジェ、南仏ヴァロリス焼き

生徒さんを連れた2003年の南仏修学旅行は、40度という猛暑に当てられ続けたせいで、いつになく購買意欲が湧かなかった。しかし、気がつけば、リル・シュル・ラ・ソルグのアンティーク・フェアも最終日。バカラ製の30年代、クリスタルのプレートを破格値で手に入れたものの「まだ、満足いかない。何か掘り出したい！」と、帰り支度を始める業者を尻目《しりめ》に、いつもの所有欲がムクムクと湧いてきたのだった。

ソルグの市に行く前日、先に紹介した「ヴィッド・グルニエ」や「デバラージュ」と呼ばれるバルジャックのがらくた市で、購入しようと思った派手なヨーロッパ緞子の布を入手しそこなったのも尾を引いていたのだ。その昔、法衣か何かに使われていたのであろう。華やかで格調高いシルクに美しい草花の刺繍がされた古裂だった。こうしたタイプの布は専門外なので、生徒さんの一人である骨董屋さんに意見を求めたのが、裏目に出たのだ。さすが京都商人「ええ！ 30ユーロ。高い高い。10ユーロ以上で買ったらあきまへんでえ」。

物は確かなようだし、もちろんそんなに値下げしてもらえるわけはなく、いったん諦《あきら》めて立ち去った。しかし、やはり欲しくて5分後に戻ったのだが、後の祭り。私の後の女性が30ユー

ロで持ち去ったらしい……。「本当に欲しいものは、人の意見にまどわされるべからず」「最終交渉は一人で行うべし」をモットーにしている私の、久しぶりの失敗だった。

そんなときに目に飛び込んできたのが、裸婦を一筆書きで描いたヴァロリス窯《がま》の陶器のディナープレートセットだった。マイヨール作の裸婦を思わせるふくよかで平和なイメージの女性が、30年代らしいさまざまな躍動的なポーズで皿の中央に鎮座している。

「ううん、良い。黒みがかった赤茶の釉薬《ゆうやく》は和食を載せても映えるし、何にでも合いそう。飾り皿としても意表をついてていいいんじゃないの？」

いつも通り、しばしの自問自答が続く。そういえば、まだアンティークが何なのかもよく分かっていない頃、私はパリでヴァロリス窯のデザートセットを購入している。フルーツポンチ用の深皿とホールのケーキを置く大皿、そしてそれ用の銘々皿が6個ずつというもので、木目模様に女性のシルエットが影絵のように黒く抜かれている珍しいものだった。後で調べると30年代のグランジャン・ジュルダンという作家の典型的なスタイルだった。道理で高かったわけだ……。

今度のはファヴァルという聞いたことのない作家のもの。でもヴァロリスに惹かれるのは変わっていない。私の心が「ＯＫ」を出した。値段を尋ねたところディナー皿は1枚20ユーロ、それよりちょっと小さなサラダ皿は15ユーロで12枚ずつあるらしい。それからグラタン皿が１枚35ユーロだという。締めて４５５ユーロ。最終日だし、交渉すれば３００ユーロまではこぎ

チェストの上にあるのは、教会の祭壇を飾るメタルの花。最近こうした神具も、インテリアに人気。

スープチュリンから大皿まで、ブルジョワ家庭で用いられたディナーセット。

マイヨールの彫刻を思わせる女性の裸体が個性的。会話のきっかけ作りにも役立つ。

アルプスの山々を望むプロヴァンス。どこからかハーブの香りが漂ってくる。

リル・シュル・ラ・ソルグ政府観光局
Office de Tourisme de L'Isle-sur-la-Sorgue

住　所　Place de la Liberté 84800 L'Isle-sur-la-Sorgue
T E L　04-90-38-04-78
U R L　http://www.oti-delasorgue.fr/

メゾン・ビーン　Maison Biehn

住　所　7 av des Quatre Otages 84800 L'Isle-sur-la-Sorgue
T E L　04-90-20-89-04
営業時間　14時〜18時30分（金）
10時〜18時30分（週末）

マネリと陶磁器美術館
Musée Magnelli,Musée de la Céramique

住　所　Place de la Libération 06220 Vallauris
T E L　04-93-64-16-05
開館時間　10時〜12時、
14時〜18時（6/15〜9/15）。
上記以外は17時まで。火曜閉館

つけられるだろう。

アンティーク・フェアの最終日午後というのは、本気のアンティーク・コレクショナーにとっては値下げ幅も大きく、最後の交渉に忙しい。そんなわけで、生徒さんたちはそれぞれ自分の買い物に専念しているらしかった。そこにいたのが、カメラマンの景山氏だった。

仕事のよきパートナーである景山氏は、今から13年前、ある雑誌の取材がきっかけで知り合った。当時は「アンティーク？　なんであんな汚い物！」とのたもうていた氏も、13年間私にひきずられてしぶしぶアンティークを撮り続けるうちに、その美しさに目覚め、面白みが湧いてきたようだ。今では、ふと目を離すとひそかに自ら審美眼を働かせて「作品」の撮影をしている。また、氏は何故か不思議とベルギーの蚤の市に食指を動かされるらしく、かの地に出かける度にコレクションを増やしている。先日も、北欧製という愛らしい陶磁器の犬のフィギュアを購入していた。

「ちょっとちょっと、どう思う?」「うーん……」と言ったきり返事をしない景山氏。「ねえ、ちょっと、ど～う?」。私としては、一言「いいんじゃない」で心が決まるのに。

たまにいる。こういうときに「いい」と言ってくれない人が。それは真面目な骨董《こっとう》屋しかり。〝真面目〟な人に多いんだけどね。それにはいくつか理由がある。まず、①に自分の趣味ではないから。「本当に欲しい物は人がなんと言おうと欲しい」コレクショナーは、お金がなくても何とか頭のなかで銀行口座の残額をやりくりしてその金額を捻出《ねんしゅつ》するものだから、言葉尻を合わせて賛同せずとも支障がないと思っている。②に、「あまりにいつもの趣味と違うから」。相手の趣味を知っているからこそ、実際に持って帰って使えるかを懸念している。③は「明らかに変」。贋作《がんさく》かどうかを疑っているのともう一つ、その趣味を疑っているケースもある。

このとき景山氏がしぶったのは、どうやら②が理由だったようだ。別に景山氏に断ることもないのだが、私はヴァロリス窯の歴史や見所をくだくだ並べた。

「ヴァロリス窯というのは、カンヌから程近い陶磁器の町で、現在でも多くの窯元が製造を続けていたり、陶磁器美術館があることで知られている場所。昔からムスティエやマルセイユが実用の陶磁器を作っていたのに対して、ヴァロリスではすでに中世の時代から実用だけでなく、錫《すず》や鉄、銅を酸化させて黄色やグリーンや玉虫色を発色させるスペインの技法で美しい装飾を施した鑑賞用陶器も作っていたの。

そんなヴァロリスが有名になったのは1940年代になってから。すでに世界的に有名だったピカソがアトリエ・マドゥーラのスザンヌ・ラミエという女性とのコラボレートで、奇想天外な陶磁器をたくさん世に送りだして以降のこと。彼は51年には香水の町、グラースと共同主催の『陶器と花』という展示会にも関ったの。以来、デュフィやマチス、コクトーなど、様々なマルチアーティストがこの窯から作品を生み出し、ヴァロリス窯は『アーティスティックな陶磁器ブランド』として知られるようになったのよ。それでね……」

「そう、じゃあ、いいんじゃない」景山氏は冷静に答えた。ただ、「日本まで持ち帰るのが重いからデザート皿はなしにしなよ」と付け加えるのも忘れなかった。結局、グラタン皿（本当は反対された。「グラタンを入れたら下のモチーフが見えなくなる」との理由からだ。持ち帰ってみて納得したが、遅かった……）とディナー皿12枚。締めて235ユーロ、当時で約2万5000円。割れやすい陶器ということを考えると決して安い買い物ではないが、「使えるアート」を手に入れたと思えば、決して高くはないと満足している。

4

コート・ダジュール
Côte d'Azur

カンヌを基点にコート・ダジュール、アンティーク探しの旅

南仏と一口にいっても、大きくは三つのパートに分けられる。一つは、モンペリエより南西、バスク語やカタロニア語といった独自の言語をもつスペインとの国境に近いラングドック、ルシヨン地方。それからアヴィニヨンを中心にアルプスの南、地中海東側一帯に広がるプロヴァンス地方。そして、トゥーロンから東、地中海に面したコート・ダジュール。

プロヴァンスに行くにはマルセイユ空港、コート・ダジュールならニース空港が便利だが、同じ地中海の国際空港に向けてパリから1時間のフライトなのに、トランクの中身はがらりと変わる。素朴な印象のプロヴァンスには歩き回るためのぺたんこ靴と日よけ帽が必須なのに対し、ゴージャスを絵に描いたようなコート・ダジュールには、ドレスとヒールの高いサンダル、ブランド物の水着の1枚も入れとこうか、といった具合に。フランスという国は一口では語れない。それぞれの地方にそれぞれの文化が根付いているのだ。そして、郷に入れば郷に従うの

オテル・マルティネーズからの眺め。陽を受けてきらめく地中海の碧さが眼にまぶしい。

「パラス」のプライベートビーチには、バーやレストランもあり、日がな一日満喫できる。

ビーチには、ジェットスキーやパラセーリングをレクチャーしてくれるコーチがいる。

クロワゼットを一歩入るとそこには日々の暮らしが存在するのが、カンヌの魅力だ。

が、その土地を楽しむ一番の方法なのである。

モナコを除いた（モナコはモナコ公国なので）コート・ダジュールのなかで最もコート・ダジュールらしいのは、何をおいてもカンヌだ。シュロの並木が青空に映える海沿いの目抜き通りクロワゼットには、フランスはもとより世界中の一流ブランドが軒を並べている。ここでは、いつ何時「カルティエ」のジュエリーや「シャネル」の靴が欲しくなっても問題ない。パリ、シャンゼリゼ通りの店にある商品はもちろんのこと、大型ボートでクルージングを楽しむための「クルーズライン」は、カンヌが世界中のどのブティックよりも充実しているという話だ。

5月の映画祭には世界中のスターが集い、クロワゼットの「パラス」に滞在する。「パラス」という言葉は、ホテルの雰囲気からサービス、料理に至るまで、4つ星デラックス以上のサービスが受けられると評価されたホテルにだけ贈られる称号で、現在の御墨付きは「カールトン」「マジェスティック」「マルティネーズ」の三つのみ。なかでも、アール・デコの時代にオープンした「マルティネーズ」は当時の様子を留めた唯一のホテルで、映画祭の最高賞「ラ・パルムドール」という名前の2つ星のレストランがある。2005年に大リノベーションが行われたが、美しい幾何学模様の階段の欄干や黒で統一されたシックなバーの造りは当時と変わりなく、そのデザインを強調するような形で改装され、長年親しんだ顧客にも評判が良いそうだ。

カンヌの魅力は、何度か通っているうちにじわじわと分かってくる。初めてのときは、顔に「修復」を施し、綿密なカロリー計算をして、50代なのに一見すると30代にしか見えないマダムと、「ロシアン・マフィア?・」と見間違うようなサングラスのムッシューが連れ立ってクロワゼットを闊歩《かっぽ》する姿や、「パラス」のプライベートビーチでくつろぐヴァカンス客をウオッチングするのがやけに楽しい。気分転換にはビーチのレストランで潮風に吹かれながらサラダ・ニソワーズを味わったり、連絡船に乗ってルイ14世の弟と噂される「鉄仮面」が閉じ込められていたレラン諸島に遠征したり、カンヌの「表」の姿を体験しつくすだろう。

しかしながら、2回、3回と通ううちに、旧市街の常設市、マルシェ・フォルヴィルで「ラ・パルムドール」のシェフや地元民に交じって、その日穫れた新鮮な果物やホテルの部屋に飾る花を買うようになり、気取りのないこの町の「日常の顔」に気付き始めるのだ。通はマルシェの荷物を引っ下げたまま、向かいのバーのカウンターでキンキンに冷えたプロヴァンスの白ワインをひっかけるというのも、数回目のカンヌで覚えた新たな楽しみ方だ。カンヌの魅力はその「虚像の世界」だけではない。そこには「演じる者」と「観客」になる、その双方の楽しみ方があるのだ。

空港のあるニースはカンヌから電車で30分。月曜日にはマッセナ広場に定期蚤《のみ》の市が立ったり、ランピア港のケ・ド・ラ・ドワンヌの高台にはアンティーク・ストリートがあったりと、カンヌよりもアンティークに恵まれている。エマニュエル・フィリベール通り22番地ビスのアンティーク家具屋には、パリでも珍しい、上質なアール・デコスタイル専門店があった。そこで見たアフリカ、マカッサー産の黒檀《こくたん》のダイニングセットの美しさといったらなく、「南仏に大

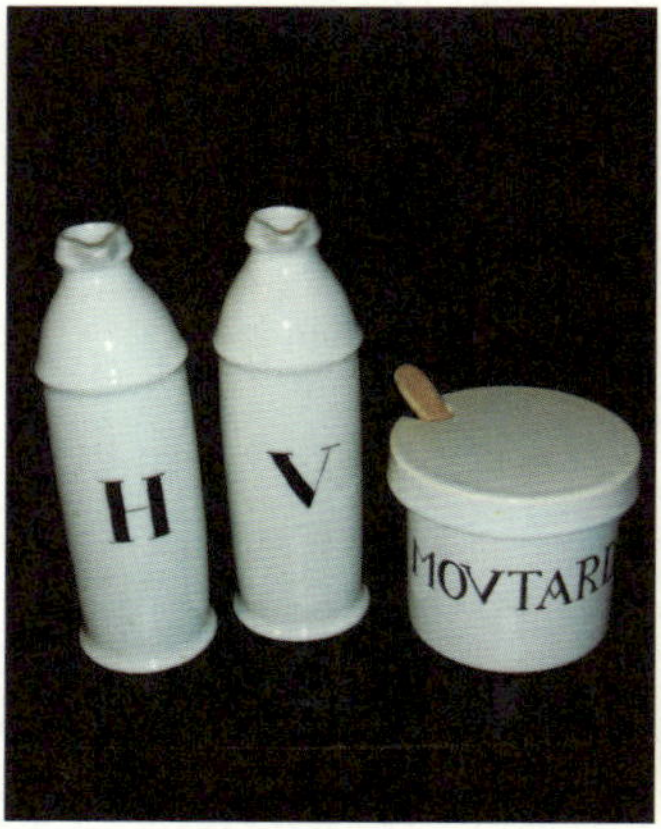

マントンで見つけたオイル＆ヴィネガーとマスタードポット。クレモンというサイン付き。

ジャガイモは、ムスティエ窯がスペイン陶器を真似て花を描いたことで、フランスでも流行り始めた野菜。

木の幹をだまし絵で描いたグランジャン・ジュルダンの陶器。影絵のようなシルエットが特徴だ。

ニースで手に入れたプロヴァンスのドルムーズ。地中海の血赤珊瑚は、日本のものよりオレンジ色が強い。

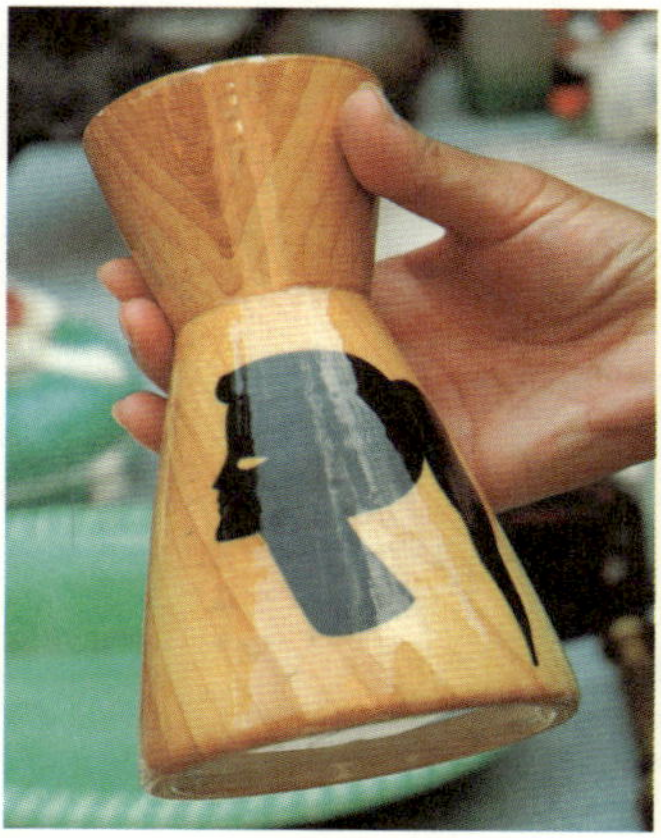

カンヌっ子の胃袋を支えるマルシェ・フォルヴィル。美味しそうな食材が溢れている。

見ているだけで元気が出る新鮮な野菜。野菜の葉も、飾っておきたくなるほどきれい。

きなアパルトマンがあったらなあ」と、家具欲しさに真剣に不動産購入を考えたほどだ。

とはいえ、町には海からの蒸気が立ちこめ、すぐ裏にそびえ立つ山に遮られて夏の湿度は頂点に達し、ニースの暑さは堪《たま》らない。そんなわけで、コート・ダジュールの旅は、大抵カンヌのオテル・マルティネーズに滞在しながらのニース通い。時には「演じ」、時には「観客」になりながら、非日常を楽しむのだ。

❖ ビジューが素敵な、カンヌの毛皮屋さん

友人同様、私のアンティーク散策につき合ううちに、自分でもある程度アンティークを見る目が養われた人のひとりに、母がいる。今では母も立派な「レ・シヌール」のひとり。アンティーク・マーケットでも見つけるわ値切るわで、なかなか良い品物を手に入れているのには感心させられる。

カンヌでの滞在のある日、母を連れ出してマルシェ・フォルヴィルに出かけたものの、雷雨にあって身動きがとれなくなったことがある。雨宿りのカフェで隣に座っていた御夫婦は、この町特有のゴージャスなムードを漂わせていた。マダムは、美しくブロンズ色に焼けた肌とスペイン人を思わせる黒髪の、いかにも「コート・ダジュールのマダム」といった風貌《ふうぼう》の女性。向かいに座るムッシューもしかり。短く切り揃えられた髪は混じり気のないきれいな白髪で、

2人とも恰幅《かっぷく》よく、いかにもお金持ちそう。

いつしか雨は本降りになり、どうやら予定より少し長くカフェにいることになりそうだった。最初に口火をきったのはムッシューだった。「カンヌには観光でいらしたのですか?」ったないフランス語で母が答える。「ウイー。あなた方は?」。好奇心旺盛《おうせい》で、想像力逞《たくま》しい母と旅すると、こういう出会いが本当に多い。外国にいることをよしとして、「あの人素敵ね」とか、「何している人なのかしら」と囁《ささや》きながら、どこでもマンウオッチングを楽しみにしている。きっと相手もそれを察知して話し掛けてくるのだろう。

2人はカンヌで「ラ・ベル・エ・ラ・ベット」という(南仏を愛したジャン・コクトーの映画『美女と野獣』からとったそうだ)毛皮屋さんを営んでいる。「暖かなカンヌでコート?」と思って尋ねると、薄手で軽いという条件付きだが、カンヌで毛皮はアクセサリー代わりにとてもよく売れるそうだ。

土地の人と話をするのは旅の醍醐味《だいごみ》の一つ。彼らは地元民しか知らない情報をいろいろと提供してくれたが、私がずっと気になっていたのはマダムが身に着けていたアンティーク・ジュエリーのことだった。

話が弾んできたところで、マダムが身に着けていたアンティーク・ジュエリーについて質問してみた。彼女が身に着けていたのは、ルーヴルやオルセー美術館同様、半官半民のフランス国立美術館連合の一つで、フランスの庶民の伝統文化について展示する「ミュゼ・ナショナル・

カトリーヌ・ドヌーヴの定宿でもあるマルティネーズ。人気の秘密はそのインテリアだ。

セミ・スイートのベッドルーム。広々としたデッキテラスからは、町が一望できる。

どんなわがままもかなえてくれる有能なコンシェルジュがいるのも「パラス」の必須条件。

改装後もアール・デコスタイルの美しい階段の欄干は、その姿を留めている。

モーターショーかと思うほど、珍らしいゴージャスな車が車寄せに並んでいる。

マルティネーズのプールはレストランに面していて、泳ぐには度胸を要す。

一枚の絵をみるような計算され尽くしたインテリア。一見の価値あるホテルだ。

デ・ザール・エ・トラディシオン・ポピュレール」が発刊したカタログでしか見たことのない「レ・ビジュー・ド・プロヴァンス」。それは訳すと、地方のジュエリーといったところで、その地域で土地の女性のために作られた地方色豊かなジュエリーである。

19世紀になるまでジュエリーはごく限られた王侯貴族のもので、一般の女性たちは宝飾品を身に着けるゆとりも、権利もなかった。彼女達に許されていたのは、キリスト教の信者が身に着ける十字架やマリアのメダル、また巡礼の地で購入するお守り。高価なものでは結婚指輪、そして結婚式に花嫁が十字架とセットで身に着けた「レ・ビジュー・ド・マリアージュ」のみだ。外の文化が入って来づらいオーベルニュ地方やサヴォア地方の山岳地帯、信心深いノルマンディー地方、豊かなプロヴァンス地方に種類が多く、後の時代までその習慣が受け継がれた。

彼女が身に着けていたのは手彫りの彫金が美しい長さ5センチあまりの大振りのイヤリングで、一見するとイタリアのもののようだった。カンヌから70キロも行けばそこはイタリア領で、音楽祭で有名なサンレモだし、コート・ダジュールはイタリア領だった時代も長い。また、同じ地中海ということもあって、ナポリのジュエリーにもよく見られる、地中海の血赤珊瑚《さんご》を素材にしているものも非常に多いのだ。こんな風に、土地の文化は行ったり来たりしながら発展していくものなのだろうなあ、と思った。

翌日、彼女の行きつけのカンヌのアンティーク・ショップ「ロール・デュ・タン」を覗《のぞ》いた。あいにく気に入ったビジュー・ド・プロヴァンスを見つけることはできなかったが、ここではスペインのエメラルドのジュエリーやイタリアのビジュー・ド・プロヴァンス等、パリではなかなか見ることのできない、地中海の国々のアンティーク・ジュエリーを扱っていた。

この旅では、ニースの蚤の市に毎週出ている業者のスタンドで、真っ黒な化石を星形にくり貫《ぬ》き、シルバーで留め、つなぎ合わせて作るアルプ・ド・オート・プロヴァンス地方の「アルプスの星」の時計チェーンを手にとって見ることができた。またその業者から、血赤珊瑚の「ドルムーズ」を即購入した。「ドルムーズ」とは「ドルミール＝眠る」というフランス語から生まれた言葉で、赤ちゃんを抱く必要のある乳母が身に着けていても邪魔にならないから、とか、身に着けたまま眠っても痛くないから、という説がある挟み込むタイプのピアスだ。

その昔、「ポー・ダンジュ（天使の肌）」と呼ばれ珍重された、日本製の桜色の珊瑚と同じくらい価値があったといわれる地中海の血赤珊瑚。地中海で過ごしたヴァカンスの後、ブロンズ色に焼けた肌にしか似合わない珊瑚のジュエリー。彼女のゴージャスなイヤリングは素晴らしく魅力的だったが、今の私にはまだ似合いそうもない。将来に夢を託し、乳母が着けていたのかもしれないピアスで、満足することにした。

❖ 新たな研究課題、マントンで出会った卓上調味料入れ

カンヌに滞在する利点は、半径30キロ以内の距離に、愛らしい小さな村が溢《あふ》れていることに

コクトーの愛したマントンの風景。静かな夕暮れ時の海は、ロマンティックだ。

2階建てのコクトー美術館。モザイクやタペストリー、また、数々の魅力的な絵画が迎えてくれる。

美術館は、海に面した17世紀の要塞の中にある。窓のすぐ下に海が迫って見える。

もある。小高い丘の上にある風光明媚《めいび》なムージャン村からは、コート・ダジュールの紺碧《こんぺき》の海を見下ろすことができる。

また、画家ルノワールがその生涯を閉じた村、カーニュ・シュル・メールには、イタリアの貴族であり、15世紀にモナコを治めたグリマルディ家のシャトーがある。その建物は、現在は「ル・カナール」という、1つ星レストランもある滞在可能なシャトーホテルになっていて、その扉をすべての人に開いている。他にも、陶磁器の村、ヴァロリス、そしてピカソ美術館のあるアンティーブ等々。

なかでも気に入っているのは、懐かしいフェリーニの映画を彷彿《ほうふつ》とさせる、映画のセットのようなキッチュな町、マントン。「フランスの東端、イタリアの西端」と呼ばれるマントンは、観光客も少ないローカルなリゾート。カンヌの人込みに疲れたときに、ぶらりと訪れるのに適している。

遊ぶ子供もいない、忘れ去られた移動遊園地のある海辺の広場からゆるやかなスロープを上がっていくと、その両側には今にも崩れそうな天井の低い古い家屋が建ち並んでいる。その薄汚れた雰囲気と対照的な、パステル色のやけにきれいな教会も印象的だ。

訪れたのは、日曜日の午前中。大きく開け放たれた窓から、休日の静けさを打ち破るような電話の呼び出し音、それに続いて「プロント、プロント」と答える声が聞こえてきた。ここは、フランス。でも、隣町はもうイタリアであることを改めて意識させる出来事だった。

マントンの海沿いには、市庁舎と17世紀の要塞を改装して造られたジャン・コクトー美術館がある。1957年から58年まで、コクトーは市庁舎の婚礼の間の壁画制作にあたった。これは市長の依頼に応じたもので、この仕事を引き受ける交換条件として、彼は愛するこの村に自らの作品を所蔵する美術館を作ることを申し出たのだそうだ。

土壁に開けられた小さな窓を通して、手の届きそうな距離に海が見られる臨場感溢れる美術館には、日に焼けたマッチョな釣り人と、黄色いスカーフをかぶった純情なマントン娘を描いた一連の絵画がかかっている。ここには祭壇や十字架こそないものの、愛する者を祝福する、教会に通じる神聖なムードが漂っている。

マントンはまた、レモンの収穫地としても有名だ。冬のカーニバルの時期にはこの町でレモン祭りも開催されるらしい。ここで食べるレモンケーキも、忘れがたい旅の思い出の一つになっている。

南フランスの特産物の一つにオリーヴがある。尊敬する料理研究家の先生の話では、フィレンツェ等のぴりりと刺激のあるオリーヴオイルに比べて、フランスのオリーヴオイルはそのまろやかさが魅力なのだそう。特にニースを中心にしたコート・ダジュールではピショリンという種類の、小粒でフルーティなオリーヴが多い。にんにくや唐辛子、ハーブで漬け込んだ青あおとしたオリーヴはこの地方ならではのもので、アペリティフのアニスのお酒とよく合って、とても美味《おい》しい。

カンヌ映画祭が開催されるフェスティバル・ホール。赤絨毯上で記念撮影する観光客も。

オテル・マルティネーズ　Hôtel Martinez

住所	73 bd Croisette 06400 Cannes
TEL	04-92-98-73-00
FAX	04-93-39-67-82
e-mail	martinez@concorde-hotels.com
URL	http://www.hotel-martinez.com/
ツイン	270ユーロ～

ラ・ベル・エ・ラ・ベット　La Belle et La Bête

住所	6 rue Lafayette 06400 Cannes
TEL	04-93-38-38-83
営業時間	11時～18時30分。日曜祭日休業

ロール・デュ・タン　L'Or du Temps

住所	51 rue d'Antibes 06400 Cannes
TEL	04-93-68-97-71
営業時間	要予約

マントン政府観光局　Office de Tourisme de Menton

住所	8 av Boyer 06506 Menton
TEL	04-92-41-76-76
URL	http://www.menton.fr/

ル・カナール　Le Cagnard

住所	45 rue Sous Barri 06800 Cagnes-sur-Mer
TEL	04-93-20-73-21
FAX	04-93-22-06-39
e-mail	resa@le-cagnard.com
URL	http://cagnard.free.fr/
ツイン	135ユーロ～

この地方を旅すると、オリーヴやオリーヴオイルを食べない日はない。バターが中心のフランス料理もこの地方ではオリーヴオイルが用いられていることが多いし、良く熟れたトマトとモッツァレラチーズに青臭さが魅力のエクストラ・ヴァージン・オリーヴオイルをかけて食べるのは、2月までの季節限定の楽しみだ。オリーヴは、あるときはパンに練り込まれてフーガスに、すりつぶされてタップナードに、また、アンチョビと一緒に温められて野菜料理、アンショワイヤードに姿を変えてサービスされる。

合計13個の星を持つシェフ、アラン・デュカスのモナコのガストロノミック・レストラン「ルイ・キャンズ」やオテル・マルティネーズの2つ星レストラン「ラ・パルムドール」には、ずらりとオリーヴオイルが並べられている。そして、メートル・ドテル（接客係の長）が料理に合わせるワインのように「よろしければこのオリーヴオイルと一緒に」とうやうやしく勧めてくれる。レストランにも家庭の食卓にも、オリーヴオイルは必須なのだ。

このマントンの小旅行で見つけたのは、ワインを量り売りしているカーヴ・ド・ラ・マンドラゴレの片隅にあった真っ白なアンティークの陶器のオイル&ヴィネガー、そしてマスタードポットだ。意識の根底に常にアンティークがあるので、まったく関係ない店でアンティークを見つけることも多い。関係ないからこそ掘り出し物があることも多く、そんなときはうれしい偶然を神に感謝したくなってしまう。

このセットはそんなに古いものではなさそうだが、すとんとしたさりげないポットの形と、ちょっと膨らみかけたお腹の、ピッチャーのほどよい大きさが気に入った。釉薬《ゆうやく》の感じはムスティエのそれにとても似ているが、素朴なフォームからも、高級感溢れるムスティエの陶器でないことは確かだ。

オイルには昔の薬瓶に書かれているような字体で、オイル（huile）を意味するH、ヴィネガー（vinaigre）にはV、マスタードにはMOVTARDEの文字が描かれているが、どう見ても後から書かれたもの。マスタードの綴《つづ》り、UがVになっているのはラテン語風に表記しているからだ。オランダのデルフト焼にも似た陶器の由来は、希望的推測では20世紀初めにこうした字体を用いて薬瓶を作っていたモンペリエ製、50年代以降の物だとしたら隣町ビオで作られた物だが、もしかしたら誰かがイタリアから持ち帰ったのかもしれない。

今までの経験上、こうしたアンティークはいったん頭の引き出しのなかにしまわれるものの、脳裏にひっかかっているのが常だ。当然引き出しは半開きの状態なので、たまたま別のことを探していて偶然文献のなかに情報を見つけたり、人と話しているうちに急に思い出して尋ねるとその人が知っていたり、必ずといってよいほど解明されてきた。その経験からいくと、きっといつの日か、この陶磁器のなぞが解ける日もあるはずだ。

「もう一度マントンに行ったら、これに近い物が再び見つかるかもしれない」

マントンへの旅を促すミステリアスなアンティークは、コクトーの描いた刺激的なカップルの絵と爽《さわ》やかなレモンケーキの思い出とともに、新たな研究課題を与えてくれた。

5

ラングドック・ルシヨン
Languedoc-Roussillon

もう一つの南仏アンティーク村、ペズナス

昨今のフランスで最も注目されているワインといえば、南仏ラングドック地方の物。太陽が燦々《さんさん》と照りつけるこの土地のワインは、格付けされていない無名の物であっても、ぶどうの甘みや旨味が凝縮した味わい深いものが多いのが特徴。しかもリーズナブルとうれしい限り。そんなわけで、私たちが新世界ワインといってチリワインを食卓で気軽に楽しむように、ラングドック地方のワインは、フランス人の食卓に、なくてはならない存在になりつつある。

今回、リル・シュル・ラ・ソルグに続く新たなアンティーク村があると聞きつけて出かけたのが、このラングドック地方のペズナスだ。毎年参加しているフランス政府観光局主催のオリエンテーションで噂は聞いていたが、決め手になったのはブルターニュのアンティーク市での こと。私が購入した男物のシャツの製造元には「ベジエ」の文字が。ベジエとペズナスは20キロも離れておらず、業者の話ではこの地方には「ランジュ」と呼ばれるこうした綿や麻製品が多いのだそうだ。「いつか行かなくては!」と思いだしたため、今回の旅に至ったわけである。

ぶどう畑が点在するラングドック・ルシヨン地方。その先にはピレネー山脈が。

ペズナスの美術館には、家具や絵画と共に18世紀の貴族の暮らしが展示されている。

アルファベットオブジェは人気のアンティーク。光沢のある釉薬が掛けられた陶製表札。

ギャラリー・ド・ペズナスで見つけた20世紀初頭に流行した飲料の広告用に作られた皿。

存在感のあるナポレオン3世時代の額縁は、ベジエの額装屋で見つけた品物。

とはいえ、今回はまったくのひとり旅。カメラマンの景山さんもクレールもいない。となると交通手段は飛行機、電車、バス、タクシー、場合によっては船と限られてくる。なんせこの私、日本では一向恐れを知らずに運転するにも拘《かかわ》らず、フランスでは1度運転して懲り懲りした。リモージュの山道を運転し、親友を殺しかねなかったのだ。大事にいたらなかったのはよしとして、それ以来、「できれば運転せずに」と拒み続けて15年になる。

まず、ペズナスまでのアクセスをどうしようか――ということになった。最近は国鉄も便利になって、時には飛行機よりもアクセスがよい場合があるが、ここまではまだTGVが完備されておらず、6時間以上かかるというからその段階でバツ。となると飛行機。エール・フランスに問い合わせると、近い町でモンペリエかベジエ行きの飛行機があるという。大学都市として有名なモンペリエの3つ星レストラン「ジャルダン・デ・サンス」には後ろ髪を引かれたが、ここで開催される大アンティーク・サロンを訪れる機会はまたありそうだ。そんなわけで、パリから飛行機で飛びベジエの町を散策してから、20キロ先のペズナスを2泊3日で訪れるという計画を立てた。3月初旬、少しずつ春めいてきたパリから南仏へ。この季節の天気ほど侮れないものはない。最悪を留意したうえで、少し重めのコートを纏《まと》ってパリを旅立った。

パリを出発する時点からだいたい予想はついていたが、ベジエは、本当に小さな空港だった。なんせ50人ほど乗れる飛行機に乗り込んだのは20名足らず、ベルトコンベアから出てきた荷物はわずか5個。たぶん季節外れの何にもないこの町に長居をする旅人は、いないと思われる。出張でやむなく来ても多くは日帰り、長くても1泊ほどで退散する人が多いのだろう。

空港にはタクシー乗り場はないが、ここを脱出する手段はタクシーのみ。そのタクシーを呼ぶために、カウンターでその旨を伝えなくてはならなかった。待つこと15分。たどり着いたときには、すでにメーターが20ユーロをさすタクシーが、私を中世の町、ベジエに連れていってくれた。

ベジエの町はなだらかな坂の多い町だった。特に海を見下ろすサン・ナザール教会の付近は、中世の面影を残す摩《す》り減って丸みを帯びた石畳が敷かれた入り組んだ道が多く、小さな古いドアに手の形をしたノッカーのある家が建ち並ぶ。その昔、この町には、ワイン産業で財をなしたお金持ちが多く住んでいた。現在、美術館として開館されているオテル・ファイエの元オーナーも、そうしたお金持ちのひとりだ。

小さな町にありがちだが、観光客にとってベジエでの交通手段はバスか徒歩。町に点在する10軒以上のアンティーク店を見て歩こうと威勢良く出かけたが、夕方には足を引きずってももう歩けない状態で、泣く泣く途中で断念してしまった。

ここ最近、額縁と絵の相性にとても興味をもっているのだが、そのきっかけになったのは、松下電工汐留《しおどめ》ミュージアムでルオーの絵を頻繁に見るようになってからだ。彼の生きた19世紀後半から20世紀前半は、ナポレオン3世スタイルやアール・ヌーヴォースタイルが一世を風靡《ふうび》

ガーゼのように薄手の綿モスリン地に針刺繡を配した、繊細なテーブルクロス。

美しいレースのカーテンは繊細で扱いも難しいため、刺繡入りシーツで代用する人も多い。

穴あけ刺繍や針刺繍で装飾されたアッパーシーツは、アンティークならではのもの。

ペズナス政府観光局　Office de Tourisme Pézenas-Val d'Hérault

住　所｜1 Place Gambetta BP10 34120 Pézenas
TEL｜04-67-98-36-40
FAX｜04-67-98-96-80
URL｜http://www.ot-pezenas-valdherault.com/

した時代。額縁も凝った物が多く、それ自体が主張している。こうした額と、ルオーの描く強い印象の人物画は、素人目にみても絶妙な調和を奏でている。そんな、ルオーの額のような古材を使った額縁屋を発見したことは、ベジエでの収穫だった。古いものでは18世紀の額もあったが、心惹《ひ》かれたのは19世紀後半、ナポレオン3世時代ならではの黒と金のインパクトのある額縁だった。

昔、イタリアで聞いたところによると、木の端をブツっと切って組み立てた額のほうが、端を斜めに切って組んだ物よりも古いそうだ。この額のほとんどがルネッサンス時代以前の物で、バロック以降の物は現在同様、斜めに切って組んだ物がほとんどだ。

また、ラングドック地方では栗の木を素材にした物が多い。これが、少し北の地方になると、ワインの樽《たる》を作るのに適した樫の木が多くなる。木材の種類だけでも地域や時代判定ができるというのは、我がスクール、家具部門のエキスパート、蜷川先生の教えによるものである。

ベジエには毎月第1週目と3週目の午前中、アレ・ポール・リケの南に蚤《のみ》の市が立つ。3月のこの時期、スタンドの数はわずか10軒ほどだったが、夏になると数も増え大変にぎわうという。他にも空港から町に入る手前の国道沿いに、木曜、土曜、日曜日の朝だけオープンする蚤の市がある。メインシーズンは春のイースターから10月頃まで。次の訪問を期待させる、現地で仕入れた情報だ。

土曜日の午前中に蚤の市を見終わり、バスでペズナスに向かった。

❖ 王室仕様の綿麻製品を見つける

ペズナスは紀元前5世紀初頭、ケルト人によって文化が花開き、ジュリアス・シーザーが要《よう》塞《さい》を築いた場所でもある。また、1226年から1252年まではフランス王がこの地に城を構え、王のためのシーツを作る王立製造所があった。その後、ラングドック地方ならではのワイン製造業を主な産業とする小さな村としてその姿を留め、今から15年ほど前から村おこしの一環として年に2回、大きなアンティーク・フェアが開催されるようになった。現在はそれに伴い常設のショップが開店し、村中に30軒以上のアンティーク店が点在している。

一つひとつの店が離れているのが難点ではあるが、リル・シュル・ラ・ソルグよりもよりリーズナブルな値段でアンティークを手に入れられるのが、ペズナスの魅力だ。ワインを貯蔵しておくための真ん丸のガラス瓶――ボンボンをはじめ、家の外壁にイニシャルを書き込むための素焼きに黒い釉薬《ゆうやく》をかけたプロヴァンスのイニシャル形表札等、今、日本に持って帰ったら売り切れ続出になりそうな流行のアイテムも多い。

大きな工場ほどのスペースにぎっしりアンティークがつまった「ギャラリー・ド・ペズナス」の親切なお姉さんが「ほら」と言って見せてくれたタイルは、久しぶりの大発見だった。その昔、壁一面に敷き詰めたというフランスの紋章、百合の花形のタイル。「どうやってこの百合の

王室関係の貴族のもの
かもしれない、王冠が
刺繍されたランジュ。
クオリティーも高い。

頭にかぶるボネを繋ぎ合わせて作った繊細な「フォン・ド・ボネ」は19世紀の品物。

値段も手頃で利用価値の高いランジュは、刺繍の凝ったものを選びたい。

花形で壁に敷き詰められるのか」と、最初は半信半疑だったが、お姉さんがやってみせてくれると摩訶《まか》不思議。本当にそれが可能な、計算された形になっているのである。

また、食料品を入れておくためのキャニスターにも一大発見があった。通常は、塩、こしょう、コーヒー、小麦粉入れといったところが一般的なのだが、この地方ではサフラン入れまである。サフランは非常に高価な香辛料なので、「なんでサフラン？ アフリカでもあるまいし」と、ひとしきり悩んでしまった。ところが、春の日差しはどこへやら、早朝より吹き始めた風速30メートルを超えるミストラルから逃れて飛び込んだレストランで、その疑問は解決した。

スープ・ド・ポワソンが先か、ブイヤベースが先か、とお互い頑固者のブルターニュ人とマルセイユ人は、同じ食卓を囲むとその土地の料理の起源について喧々囂々《けんけんごうごう》言い争いを始める。マルセイユのブイヤベースは岩場でとれるオコゼや様々な魚介類が入っている高級スープだが、本来は時化《しけ》のときに漁師が食べた雑魚のスープをそう呼んでいたらしい。海沿いの村には、どこでも小魚をすりつぶして作る魚のスープがあって、日常の食卓で愛され続けているのだ。

そういえば、サン・ジャン・デセールのマルセイユ焼にも、ムスティエ焼にもブイヤベースを入れてサービスするための、魚模様のスープチュリンがある。この日ランチにオーダーした心も身体も温まる魚のスープは、ここラングドックの海沿い地方でも日常食なのである。サフランは、イスラム文化が栄えたスペインを経由してフランスに持ち込まれた香辛料。パエリヤやブイヤベースには必須で、魚の臭み消しと料理に〝太陽の色〟をつけるのに役立つ。だとしたら、サフランという他では見ない調味料がキャニスターに加わっているのは、魚のスープを日常的に食する地中海の土地の常識なのだろう。

そんな数あるアンティークのなかでも、このペズナスで購入したいのはなんといっても綿や麻製品だ。昔、女性たちは結婚の際にチェストにたくさんのシーツや寝間着を入れてお嫁入りしたものだった。その最たる物が、クーヴェルチュール・ド・マリアージュといわれる、初夜の床に掛けられたというベッドカバー。交じり気のない真っ白なダマスク織の綿に手刺繍《ししゅう》でアール・ヌーヴォーの曲線を描く美しい花柄のベッドカバーは、1200ユーロの高級品であっても、十分にその価値のある品物だった。

また、毛布を巻き込み、ベッドの上に飾り部分が見えるようにかけて使うアッパーシーツ。特に美しいドラ・ド・マリエは、お金持ちの娘たちが持参金代わりに何十枚も持って輿入《こしい》れしていた。結局使われることは一度もないので、さらのまま残っていることが多い。あるときは自分で、あるときは母親やおばあさんが年頃の娘のためにこつこつと作り上げた豪華な刺繍やレースのカットワークが美しいドラは、熱がこもりにくい麻製の物がより高級品で、暑い夏、そこに滑り込むとすこぶる気持ちがよい。シーツとして普段使いするのは惜しいと感じたら、襟先の飾り部分を二重に縫い、これをカーテンにして用いるのがお勧め。

同様に、もう少し薄手で麻と綿の交ざり合った俗称フィルという素材で作った女性の寝間着は、仲間うちで人気のアンティーク・アイテムだ。美しいカットワーク、愛らしい刺繍のネグリジェはチャーミングだし、気軽にざぶざぶ洗えるのがうれしい。1枚20ユーロほどで購入できるので、女友達へのおみやげにしても喜ばれる。

ペズナスのアンティークもそろそろ見尽くした頃、私は導かれるように旧市街の中心にあるサン・ジャン教会に入った。この地方にはプロテスタントの信者が比較的多いそうだが、この教会も宗派としてはプロテスタント。教会の奥の修道院ではちょうど法衣の展示をしているところだった。

法衣には、地方にしては珍しく、丁寧な解説がついていた。白は真実の色でクリスマスから感謝祭まで身に着けるもの、赤は愛と受難の色で復活祭に、希望の色である緑は公現祭やカルメル修道派の修道士が、紫は愛の痛みの色で精霊降臨祭に身に着けるそうだ。また、黒はマリア様に対する畏敬《いけい》の念を表し、公式の式典で身に着ける。こうした法衣の上に、極細で繊細な綿と麻のフィル、レース編みを繋《つな》ぎ合わせて作った凝った薄手のガウンをはおる。その美しいことといったらない。

昔から教会は宮廷よりも権威があって、教会で用いられる銀器やステンドグラス等は工芸の最高級品が集められたのだが、ここで展示されている物がこの地方で作られる綿麻細工の最高級品であることは、疑いの余地がなかった。

最高級品を見た後の蒐集は、むしろ簡単。それに近い物を見つけていけばよいのだ。とはいえ、財布の中身との相談ももちろんしながら、という条件付きになる。

6

ドイツ

Allemagne

国境を越えて〝黒い森〟の時計フェアへ

世界で最も古く、今も時を刻んでいる時計は、１３８６年にイギリスで製造されたソールズベリー大聖堂の物。文字盤や針こそないが、打鐘によって祈禱《きとう》の時を修道士に知らせる作りになっている。今でこそ「時計といえばスイス」が定説だが、昔はテーブルクロックといったらイタリア、ドイツ、フランスが有名で、スイスは16世紀半ば以降、携帯時計の発達によってようやく仲間入りを果たしたのだ。

この頃になるとゼンマイ駆動装置が出現し、時計を壁につり下げたり携帯したり、テーブルの上に置くことが可能になった。初期の時計は地元の鍛冶屋が副職として鉄で作る簡素な物だった。しかし17世紀には時計職人の技量は高度に熟練し、強力な同業組合が組織され、「知的な職業」と敬意が払われるようになった。その後、長い振り子時計の発明によって、背高のっぽのグランドファーザーやグランドマザー等の床置き時計、ロング・ケース・クロックが開発され、以降、時計のある暮らしが一般的になってきた。

どこまでも深い森が連なるシュヴァルツヴァルト。朝晩は、夏でも晩秋のような涼しさ。

グリム童話の舞台のようなトリベルクの町。

フルトヴァンゲンの時計美術館の入り口。時計フェアの際には、是非足を運びたい。

真剣な表情でアンティーク時計を物色するコレクショナー。圧倒的に男性が多い。

歴史に残る時計メーカーといったら、現在でもヴァンドーム広場に居を構える高級時計メーカー、ブルゲだ。ブルゲはその昔、マリー・アントワネットの携帯用時計を作っていたことでも有名。当時、極小ムーヴメントの開発は難しく、女性用の携帯時計は誕生したばかりだった。

フランスをはじめ、ヨーロッパ中の宮廷のファッションリーダー的存在だった彼女は、自分のためだけでなく、最新流行の懐中時計を家来たちの分もオーダーし、身近な人々にプレゼントした。現在でもブルゲのショップの地下は美術館になっていて、歴史のある美しい時計が展示され、見る者のため息を誘っている。

ダイヤモンドやルビー等、気持ちを昂揚《こうよう》させるキラキラしたジュエリーが嫌いな女性はいないと思うが、私はジュエリーと同じくらいアンティークの時計が好きだ。まして、中身の機械が見えるスケルトンの時計等は、最たるもの。カチカチと懸命に動いているゼンマイを見ると、なんとも愛《いと》おしく感じてしまう。

昔は「購入しても動かなかったら……」という懸念もあって購入をためらうこともあったが、日本にも優秀な時計の修復家がいると分かってからは、気に入ってしまったら最後、よほどのことがない限り諦《あきら》めずに購入してしまう。

そんな私の時計好きを知ってか、ある日クレールがこんなメールを送ってきた。

「国境を越えた南ドイツのフルトヴァンゲンでアンティーク時計のフェアがあるんだって！　行ってみない？」

アルザス・ロレーヌ地方は昔からドイツ領になったりフランス領に戻ったりと波瀾《はらん》万丈の歴史を抱えてきた場所だ。車で出かけるならアルザス地方のストラスブールまで約4時間。そこから国境を越えて約30分の場所に、シュヴァルツヴァルト〝黒い森〟と呼ばれる地がある。フルトヴァンゲンはこのシュヴァルツヴァルトの中心地だ。もともとこの森は鳩時計の名産地で、フェアは、この地方の時計職人養成学校で開催されるらしい。

仕事の関係でドイツ語も堪能《たんのう》なクレールは、インターネットの検索で偶然このフェアのインフォメーションを見つけたという。私もその時期はタイミングよくフランスに滞在中だし、車で4時間半なら週末旅行にもちょうど良い距離。そんなわけで、夏の名残が漂う8月最後の暑い土曜日、クレールとカメラマンの景山さんと私の3人は、ヴァカンスをかねてこのフェアを訪れることに決めた。

アルザス特有のなだらかな丘の連なる田園風景に、茶色の平らな瓦《かわら》屋根と木のテラスが特徴の建物が並ぶ、ストラスブール。そこから国境を越えると、景色は一変する。道の左右に並ぶ家々は、フランスのそれとは明らかに違う、色とりどりの山小屋風の家。そして、その庭には、たわわに赤い実を付けたリンゴの木がお決まりのように育っていた。

道は次第に急な上り坂に変わってきた。向かうは、もみの木の茂るシュヴァルツヴァルトだ。黒い森は、紀元前約6世紀にケルト人によって切り開かれ、その後、ローマ人やアレマン人によって文明が開かれた。中世の魔女裁判以来、この森には魔女や化け物、悪魔が棲《す》んでいると

美術館には、シュヴァルツヴァルトの主要産業として歴史的に大きな役割を果たした時計が、数々展示されている。典型的な花柄以外にも、シャルル10世に贈られたキリンをテーマにした19世紀前半の柄、西部の大開拓時代にアメリカの輸出用に作られたカウボーイ柄等、時代を物語る文字盤も多数展示されている。

Uhrenschildmaler
Walter Hättich

語り継がれ、森は今も畏怖《いふ》の念をもってシュヴァルツヴァルトと呼ばれている。こうした森にはつきものだが、現在でも解明不可能な、オカルト的な話を楽しみにやってくる観光客が絶えない。

黒い森は、伝統的な手工芸品が作られ続けている場所でもある。冬の間深い雪に何ヶ月も閉ざされるこの地方の人々は、17、18世紀にかけて様々な工芸品を生んできた。例えば家屋の外壁や屋根を葺《ふ》く「へぎ板」。その他、木彫やストロー帽子、手提げかごがそれだ。

なかでも代表的なのがカッコー時計で、フェアの行われるフルトヴァンゲンとトリベルクの中間にある森に囲まれた空気の澄んだ高台、シェーンヴァルトは、このカッコー時計の名産地として有名だ。

カッコー時計はこの村出身の名工、フランツ・ケッテラーが1730年に発明した物で、今日でも製作所がいくつか残っている。また毎年、国際的なノルディック競技が開催されるウインタースポーツの中心地、シューナッハには、小屋そのものがカッコー時計になっている物があって、世界一大きなカッコー時計として観光客の目を楽しませている。

私たちの宿泊したプティホテル「アドラーシャンツェ」は、標高1000メートルの山間の地にあった。ここはオーナー夫婦自らディナーと朝食をサーヴして客をもてなしてくれる、民宿スタイルの宿。冬はスキー客でにぎわうが、夏はどちらかというとオフシーズン。その御陰で、1泊わずか6000円足らずで快適な宿を提供してくれる。

「アドラーシャンツェ」には、この地方ならではのチロル風の家具と、大きな振り子の付いたシュヴァルツヴァルトの典型的なカッコー時計があった。時計は30センチ四方の箱形の上部にアーチ形の屋根が付いていて、白色塗装に花柄が描かれ、ニス掛けしてある。初期の頃は文字盤はホーロー製だったが、時代が進むにつれて木製の物が増え、19世紀初頭の物は木製がほとんどだという。カッコー時計は、この手描きの文字盤と一緒にヨーロッパ中に輸出されて、「シュヴァルツヴァルトの時計」として評判になった。

通常、時計やカメラのような精密機器は、機器の洗浄等にきれいな水が必要なので、湖や小川の近辺で作られることが多い。例にもれずこのシュヴァルツヴァルトにも、滝や小川が点在していた。またこの地は、9月はじめでも朝晩は厚手のジャケットが必要なほど寒い。澄んだ空気のなか、ホテルのテラスから神々しいとまで感じられる深い森を眺めていると、孤独な冬に「カッコー、カッコー」と愉快に時を知らせる時計が生まれたことに、大いに納得させられた。

道すがら、カッコー時計ショップが何軒かあったが、民芸風の派手な時計はインテリアに合わせるのもちょっと難しそうだった。しかしながら、美しい滝が見られる観光地、トリベルクのアンティーク時計店には、5万円程度で購入できる19世紀のシックな振り子時計が種類も豊富に展示されていて、こちらには大いに食指を動かされた。ただし、携帯時計の直しは簡単でも、大型時計の修復家が少ないのが、日本の現状。修復家を見つけてこの問題さえ解決できた

ジャガー・ルクルトに
影響を与えた、スイス、
ファーヴル社のレベル
ソ時計。

4カラット分のダイヤ
モンドが付いたプラチ
ナ時計は、パテック フ
ィリップ社製。

竜頭のサファイアが目印。80年代のカルティエの女性用金時計。950ユーロだった。

アメリカへの輸出用に作られたというカルティエの１４金時計、800ユーロ。裏蓋に刻印がないのが謎。

ら、是非手に入れたい一品である。

❖ 現金売買のアンティーク時計フェア

「本当にこの道であってるの？」と不安を感じ始めた頃、森を抜ける一本道を上り詰めたところで現れたのが、フルトヴァンゲンの時計学校だった。トリベルクからほとんどすれ違う車もなかったわりには、広場に駐車されている車の数はかなり多く、「突然湧いてきた」ようだった。

秋に開かれるこの時計フェアは、再び雪深い冬になる前、夏の終わりを名残惜しげに祝う「村祭り」を兼ねているようだ。キャンパスにはテントが立ち、そこではソーセージやビールの屋台がオープンし、夜になってもはしゃぎ騒ぐ人の数は一向に減る様子がなかった。校舎内はアンティーク時計一色なのに対して、キャンパスのテントにはドイツが誇るシュタイフ社のテディベアやおままごとに使うイギリス製の電気コンロ等、何軒かのスタンドがミッドセンチュリーの「コレクタブルズ」を販売していた。

そんなテントを冷やかした後、目的の時計フェアを散策し始めた。地下1階、地上2階建ての建物には、200年前のフレンチ・ポーセリンの掛け時計から1950年代のヴィンテージの腕時計までが、千差万別そろっている。

面白かったのは、1876年のフィラデルフィアの万博でアメリカの時計から影響を受けて、ヨーロッパでいち早く工業生産の機械時計を作り始めたスイスのファーヴル社の初代レベルソ・モデル。ジャガー・ルクルトはこのモデルを真似て、1931年にレベルソを発表した。現在の時計の文字盤のガラスは硬い人工サファイアであるのに対し、当時のガラスはとても割れやすかったという。レベルソ・モデルは本体が回転して文字盤部分が隠れるのが特徴だが、ガラスが割れないように非使用時は逆にして文字面を保護する――これが革命的アイデアだった。値段は850ユーロ。歴史的な意味合いからすれば、決して高くない値段である。

また、1800年にブルゲがパリで売っていたのと同じサイズで、直径2・5センチの球状携帯時計は2500ユーロ。美しいエナメルと珊瑚の装飾が女心を刺激する。女性用懐中時計はアンティークのなかでもあまり人気がないアイテムなので、最高級の物でも比較的手頃な値段で購入可能なのがうれしい。

同様に4カラットのダイヤモンドが埋め込まれたパテック フィリップのプラチナのリストウオッチはアール・デコ後期の典型的スタイルで、こちらは1万6000ユーロ。女性用の1930年代のブラックフェイスのロレックス、オイスターが3400ユーロ。難点は、どのスタンドも現金以外は、ドイツの小切手かドイツ銀行のクレジットカードしか受け付けないことだ。

男物ならヴァシュロン・コンスタンタンが3000ユーロ、イタリアのパネライと同じムーヴメントが入ったロレックスが1万3000ユーロと、名だたるブランドのアンティークが通常の路面店で購入するよりぐっと安く手に入る。しかし、日本人にとって現金のみの取り引き

17世紀はドイツ、1800年まではイギリス、フランスが時計市場を独占した。

マリー・アントワネットはブルゲを愛し、側近や友人にプレゼントしたという。

鎖の先についているのは時計のネジ巻き。1800年のブルゲと同じサイズ。

パーツを組み、2センチのムーヴメントが収まるギリギリのサイズのケースを作った。

カッコウ時計の名産地で開催される時計フェア。入場料は3ユーロ。

ヨーロッパ・アンティーク時計ショー
Europas größte Antik-Uhrenbörse

URL | http://www.antik-uhrenboerse.info/

ドイツ時計博物館
Deutsches Uhrenmuseum

住所 | Robert-Gerwig-Platz1 D-78120 Furtwangen
TEL | 07723-920-2800
URL | http://www.deutsches-uhrenmuseum.de/

ホテル・アドラーシャンツェ
Hotel Adlerschanze

住所 | Goethe-Straße 8 78141
Schönwald im Schwarzwald
TEL | 07722-9688-0
FAX | 07722-9688-29
e-mail | info@adlerschanze.com
URL | http://www.adlerschanze.com/
ツイン | 1人35ユーロ〜

ドイツはシュタイフ社のテディベアでも有名。これはゼンマイ仕掛け。

というのはちょっと痛いところだ。偶然出会った日本人のコレクショナーは、仲間うちでツアーを組み、毎年通う常連さん。彼らはそれ相応の準備をして、この現金取引に挑むのだそうだ。

このフェアはすでに20年以上続いていて、最初は15だったブースの数も現在は130に増え、大規模なフェアになっている。ビジターの数は2日間で3000人。この辺鄙《へんぴ》な村にこれだけの人が集まるというだけでも、フェアは大成功といえるだろう。キャンパス内には時計美術館もあって、中世以降、この地で生まれた振り子時計やオルゴール、からくり時計の歴史が丁寧な説明文とともに展示されていて、大変見応《みごた》えがある。

アール・デコの時代は、ジャガー・ルクルトやパテック フィリップがカルティエやヴァン・クリーフ&アーペルズのために、ロンジンやモマドがティファニーのために、また、ヴァシュロン・コンスタンタンがブルガリ等の宝飾メーカーのためにムーヴメントを作っていた。つまりこの時代は、最高のムーヴメントで、かつ世にも美しいジュエリーウオッチが作られた女性用リストウオッチの黄金時代なのだ。

私は、ジャガー・ルクルトが1929年に発表した、縦2センチ、横1センチ、ムーヴメントの大きさが14ミリ×4・85ミリ四方の極小リストウオッチ、デュオプランを長年狙っている。このフェアでも見つけたが、修復家から「この時計は直すと高いよ!」と脅かされているので、迷った末に諦めた。いつか信用できるアンティーク・ウオッチディーラーを見つけて、メンテナンス済みの物を購入したいと思っている。

結局、購入したのは60年代、カルティエがアメリカへの輸出用に作っていたという金の薄型メンズリストウオッチ。時計を購入するときのポイントになる、竜頭も針も問題なく巻くことができるし、ケースに不具合もなさそうだ。一度時間を合わせて店を立ち去り、1時間後に戻ってみても、時間には狂いがない（ここもポイント！）。これなら、若干のメンテナンスで使用可能だろうと父の喜寿のお祝いに購入し、日本に戻ってから分解掃除してプレゼントした。

少し心配だったのは、文字盤にあっても、裏蓋《うらぶた》にカルティエの刻印がない点。ティファニー等の偽物にはこのタイプが非常に多い。ブランド名を入れた文字盤をなんでもない普通の時計に付けて偽物を作る場合が多く気になったが、カルティエの場合はこの時代、「輸出用時計の裏蓋に刻印はないのが一般的」という、さもありそうな説明で、一応納得した。

カレンダー付きの時計は直しが難しい、個性的な革バンドやガラスは交換が不可能、竜頭がまっすぐ付いていない物はいずれ壊れる等、時計選びはなかなか難しいが、この世にもしかしたら1点しか残っていないアンティーク時計かもしれない。40年代以前の物なら、メンテナンスをしながら大事に使い続ければ、１００年後も使用可能なのだとか。

フェアにはゼンマイや文字盤等、アマチュアには無用の物も多かったが、プロがどんな材料で時計を直すのかが理解できて大いに楽しむことができた。是非、次回は購入を目的に、現金を握りしめてのぞいてみたいと思っている。

7

リヨン
Lyon

シルクとアンティーク家具の町、リヨン

ソーヌ河とローヌ河に挟まれたリヨンは、その河川を用いた貿易によってはるかローマ時代から栄えた町だ。中世にはルイ11世の命で年4回の「自由市」が開催され、16世紀以降は絹織物の名産地としてその名を轟《とどろ》かせている。当時、「リヨンの絹」は世界中の憧《あこが》れで、映画『エリザベス』にもフランスから贈られたリヨンの絹のドレスが重要な意味合いをもって登場している。

現在はユネスコの世界遺産にも登録されているリヨンは、フランス第二の文化都市。その一方で食通憧れの「食の聖地」としても名高い。腕組みポーズの蠟《ろう》人形がパリのミュゼ・グレヴァンにも展示されている有名シェフ、ポール・ボキューズの店や、その彼に料理を教えた女性料理人、メール・ブラジエの店等、フランスを代表するガストロノミック・レストランだけでなく、質の良いブラッスリーやリヨンならではの料理を食べさせる気楽なビストロが軒を並べ

貿易に大きな役割を果たしたローヌ河とソーヌ河を見下ろす、リヨンの風景。

ている。

高速鉄道TGVの便がよくなり、最近、列車旅派が増えているが、それに倣《なら》って私も列車を利用するようになった。列車の旅だと、イタリアやスイス、スペインといった外国へも、アヴィニヨンやペルピニョンをはじめとした南フランスへ行くのにも、リヨンが分岐点になる。そんなときは好物のリヨン名物、川鱒《ます》のソーセージ「クネル」を目当てに、本来の予定より半日長い旅を計画し、つかの間の休日を楽しんでいる。


フランスでは、ホームパーティを〝フェット＝祭り〟と呼ぶが、フランス滞在中、私はよく仲間を伴い、友人のベアトリスが年に1度か2度、実家で催す大々的なフェットに参加していた。ロワール地方のブロワ城の対岸にある彼女の家はシャトーほどの大邸宅ではなかったけれど、そこには毎回50名ほどの友人たちが招かれていた。

庭で作る子豚の丸焼き、「メシュイ」からはじまり、何十種類ものサラダ、樽《たる》で購入するロワール産の赤ワインや様々なカクテルが振る舞われ、カーヴを改装したディスコティックで朝まで踊りあかす、文字通りの〝フェット〟。御陰で、「大人になっても本気で遊ぶ」という、フランスならではの「遊び」の精神を、実体験させてもらった。

ベアトリスの家には家族代々受け継がれたアンティークに交じって、プロの「エベニスト」である弟、ロランの美しい家具が所狭しと置かれていた。「エベニスト」とは昔ながらの家具職人のことで、そのロランが卒業したのが、マーケットリーや象眼細工ではフランス一、と噂されるリヨンの木工細工師養成学校だった。

　私も自身が主宰する教室で生徒さんに交じって試したことがあるが、厚さ1ミリの木材をのみで切り抜き、それをデザインに沿って隙間なくはめ込んでいくマーケットリー技法は並大抵の難しさではなかった。また、普段よく知る木材以外にも、色も質感も違う「ボワ・エキゾティック」と呼ばれる珍しい木材が50種類以上も存在することに驚いた。17～18世紀、ルイ14世のもとで、それらの木材やメタル、また、べっ甲を複雑に組み合わせてデコラティブな花やグロテスク模様を象眼細工で描き、宮廷のために美しい家具を作ったアンドレ・シャルル・ブールは、世界的に有名な「エベニスト」。今更だが、彼の技術の高さにはシャッポを脱ぐ。

　そのロランが教えてくれた情報によると、昔から貿易で栄えたリヨンにはお金持ちが多く、彼らの大邸宅を飾っていたアンティーク家具が現在でも豊富に残っているのだという。彼らは余裕のある暮らしをしていても、服や持ち物にはお金をかけず、家屋にたっぷりかける。そのため、外見は庶民と変わらぬ身なりをしているにも拘《かかわ》らず、実際、招かれると素晴らしい豪邸に住んでいる場合がとても多いのだそう。

　そんなリヨンでのアンティークのタンスは、一般的に2メートル以上だ。こうした家具は、アパルトマン暮らしの多い現代では収まる家屋が少ない。そのため案外安い値段で取り引きされ、大邸宅の多いアメリカの市場で大好評だという。

手前は1日に5メートルしか織ることが出来なかったという18世紀のシルク・ビロード地。

4代続くリヨンの老舗絹織物専門店、アンリ・ジェルマンには、300年前の布が存在する。

18世紀のヴェルサイユ宮殿の家具は、すべてリヨンの絹張りだったという。

カシミール織は、張り出したスカートの上にコート代わりに羽織れて大流行した。

穴あけ刺繍、リシュリューで作られたカーテン。取り扱いには注意が必要。

北仏やベルギーの織物は、壁紙のない時代に装飾と部屋の保温を兼ねた。

リヨンには絹だけでなく、ランジュやタピストリーなど、テキスタイルの店が点在する。

その他、典型的家具に「バユ」と呼ばれる腰の高さの観音開きのキャビネットがあって、そのほとんどはクルミ材で作られている。

当時から家具にクオリティーの高さが求められたリヨンでは、名工がたくさん誕生している。1745年に親方〝メートル〟の称号を与えられ、ロココスタイルの家具を得意としたニコラ・ノガレや、18世紀のフランソワ・ジラー、フランソワ・キャノ、19世紀のアントワーヌ・パルマンティエ、オノレ・デュファン、そしてアール・デコ時代のアンドレ・ソルネイのブランド家具は、「今後も値段が下がることはない」と、太鼓判が捺《お》されている。

リヨンのアンティーク通り、オーギュスト・コントには様々なアンティーク商が軒を並べているが、是非訪れたいのが18世紀の布を所有しているアンリ・ジェルマンだ。彼の店は絹織物の名産地、リヨンで4代続く老舗《しにせ》店で、現在も当時の布をコピーしたりオリジナルの製品を作り、販売している。18世紀、ヴェルサイユ宮殿の家具張りに用いられていた布はすべてリヨン産だったというが、この店には当時のパターンが400種類も存在していて、プロ向けの大事な資料として保存されている。

「ヴェルサイユ宮殿には、この布を張ったカナッペ（ひじかけ椅子）が現在も置かれているのですよ」と説明するオーナーの声に、「ヴェルサイユと同じ布を張った家具を我が家に置くのも夢じゃないんだ」と、妙に心弾んだのを覚えている。

❖価値が分からずに犯した失敗

アンティーク家具は展示も保管も場所を取るので、町の中心よりちょっと外れたところにショップがあることが多い。リヨンもご多分にもれず、アンティーク家具を探すのなら、町外れ、ヴィルールバンヌの大型アンティークモール、「ラ・シテ・デ・ザンティケール」が狙い目だ。ここには、19世紀初頭の恋文を書くのが流行していた時代の、移動式で目隠しになる間仕切りが付いている小型テーブルや、19世紀前半のルイ・フィリップ時代の脚置き等、珍しい家具も揃っている。

私が手に入れたのは、キリン柄の布張りの一人掛けソファーと、ベッドサイドテーブルが一つ。どちらも1930年代、アール・デコ時代の物だ。1931年にパリ、ヴァンセーヌの森でフランスの植民地を紹介するために開催されたコロニアル万博では、フルーツの木やラタンの他、家具に用いるためのエキゾティックな素材やアフリカから連れてこられた動物もたくさん紹介された。その万博以後、新たな素材が家具に用いられたり、動物がデザインのモチーフにされたり、アニマルプリントが組み合わされるのが流行したのだという。

ベッドサイドテーブルのほうはアール・デコの名匠、リュールマンを思わせるマホガニーにアイボリーの象眼細工という凝った代物だ。このベッドサイドテーブルに関しては、「若気の至

アジアンテイストの刺繍が、19世紀スペインで流行したフィリピン製ストールに似ている。

ナポレオン3世の時代に流行した、タッセルがついたベッドカバー。

ピアノチェアなど、丸形の椅子張り用に大量生産で作られた20年代のゴブラン織。

19世紀後半、温かみのある布製品で部屋を飾るのが流行。クッションは当時の人気商品。

ルイ16世スタイルの耳付きソファー、ベルジェールと当時のピアノ。

りにつきる大失敗」と、今でも反省している。そのときの私は、「ベッドが一つなんだから二つも必要ない」とネゴし、しぶるオーナーを説得して二つ一組のテーブルを一つだけ購入したのだ。

今から思えば、ベッドサイドテーブルは二つあるからこそ価値があるもの。皆、血眼になってセットの物を探しているのに、それをわざわざばらしてしまうとは。「てんで物の価値が分かっていない」人がすることだ。かなり良い品物なので（それも修行を積んだ今だからより分かる）本当にもったいないことをした。皆さんもベッドサイドテーブル、燭台《しょくだい》、ブレスレットはセットだったらセットで買うように。

実は、私はこの二つの家具をパリまで運ばせるのに、約8ヶ月の時間を費やした。度重なる出張で帰国しなくてはならなかったのが納品が延びた原因の一つだが、「毎週パリに行くから、いつでも持っていってあげる」というショップオーナーが、「今週はあの用事、来週はこの用事」とパリに上京する期日を延ばし延ばしにしたせいもある。結局は、「売ってしまったらこっちのもの」なのである。

フランスでは納品に悩まされる確率がとても高い。だが、これを免れる方法がいくつかある。まず、お金を払う段階で、きちんと送料を含んだ値段であることを確かめるのが肝心。エキスパートなら、全額支払わず、荷物が届いてから銀行送金で残額を支払うのも手だ。ただし、小切手や銀行送金だと業者は全額申告しなくてはならず、この場合、税金を極力逃れたいと考えている相手方の割引率は最悪になる覚悟が必要。他にも、その送料がアパルトマンの家のなかまでなのか、建物の入り口までなのかをきちんと確かめること。

大きなテーブルを購入したときのことである。当時、私はエレベーターなしのアパルトマンの6階に住んでいた。小さなアパルトマンではエレベーターは階段を削って作られることが多いので、このときは、階段の幅が幸いしてサイズ的には問題なく運び入れることができたが、6階まで大きな家具を運ぶのは並大抵のことではなかった。友人はアパルトマンの4階に住んでいるのだが、南仏で手に入れた大型キャビネットの納品に、男性1人でやってきて「はい、じゃ、ここまで」と建物の入り口まで運んで置いていかれそうになったらしい。

なかには階段の幅が狭くて、運び入れるのが無理なアパルトマンもある。そのときは、長い梯子《はしご》付きの車でやってきて、家の窓から引き上げるしかない。そうしたことまでしっかり話したうえで値段をネゴしないと、地方で購入して安かったと喜んだ後で追加料金を請求され、ぬか喜びに終わりかねないのである。

また、キャビネットのなかやタンスの引き出しがカビ臭くないか確かめることも大切だ。下手をするとなかにしまう物がすべてカビ臭くなる恐れがある。

こうしたことをクリアしたうえでアパルトマンに収まった家具は、愛着も一入《ひとしお》だ。時々ニスをかけたり、虫穴に殺虫剤を注入したり、愛情をもって使ってほしい。誰かの家庭で代々受け継がれた家具を、次は我が家で引き継ぐ喜び。アンティークを愛《め》でるうえでの大切な楽しみだ。

アール・デコスタイルのベッドサイドテーブル1点。さて、この片割れは今いずこに？

ルイ・フィリップ時代のフットスツール。現在は独りがけソファー同様、私の愛用品だ。

19世紀前半は恋文を書くのが大流行した時代。目隠し付きのテーブルの象眼が美しい。

エアーコンディショナー付きアンティーク・モールは、年間通して快適にシネできるのが魅力。

地下鉄シャルペンヌ駅から徒歩1分のラ・シテ・デ・ザンティケール。

アンリ・ジェルマン Henri Germain

住　所｜11 rue Auguste Comte 69002 Lyon
T E L｜04-78-42-69-79

ラ・シテ・デ・ザンティケール La Cité des Antiquaires

住　所｜117 bd de Stalingrad 69100 Villeurbanne Lyon
T E L｜04-72-69-00-00
U R L｜http://www.cite-antiquaires.fr/
営業時間｜木、土、日曜のみの営業。10時～19時（6/1～8/31の日曜は13時まで）

ポール・ボキューズ Paul Bocuse

住　所｜40 Quai de la Plage 69660 Collonges-au-Mont-d'Or
T E L｜04-72-42-90-90
F A X｜04-72-27-85-87
U R L｜http://www.bocuse.fr/
営業時間｜12時～14時30分、19時30分～22時
コースメニュー／120ユーロ～

メール・ブラジエ Mère Brasier

住　所｜12 rue Royale 69001 Lyon
T E L｜04-78-28-15-49
営業時間｜12時～14時30分、19時30分～22時。土曜昼、日曜、月曜休み。
7/23～8/25夏期休暇
コースメニュー／ランチ・18ユーロ、ディナー・20ユーロ

8

リル
Lille

フランス一大きい、北の町の大放出市

パリからわずか218キロ、北フランスの中心地、リルまではTGVで1時間というノール・パ・ド・カレ地方。中世の時代はブルゴーニュ公国の一部であり、また、15～17世紀はスペインの領地だったこの地方は、19世紀になるとテキスタイル産業の中心地として大いに繁栄した。しかしながら20世紀前半にこの地を襲った空襲によって美しい建造物は破壊されてしまい、パリからこれほどアクセスのよい土地なのに、2004年にリルがEUの中心となる欧州文化都市に選ばれるまでは、実のところ訪れる観光客もまばらな忘れ去られた土地だった。

まだパリ在住だった頃、私は2度この地方を訪れている。1度目はジャガイモを耕す農家の、2度目は自家製チーズを作る民宿の取材だった。パリから北に進路を向けた途端、見渡す限りジャガイモ畑が広がり、その単調さに何度もあくびをかみ殺したことを思い出す。その昔、ナポレオン1世がヴァカンスを過ごした夏のリゾートがあると聞き、民宿取材の後に宿をとった季節外れの海辺の町で見た、あまりにも寂れた風景が今でも脳裏に浮かぶ。朝食をとった後、

15分で町を見学し終わった同行者と私は、逃げ去るようにパリに向けて車を走らせたのだった。その後、何度かベルギーに行くため北フランスを通過したが、残念ながらわざわざ立ち寄ろうという気が起きなかった。そんなときだった。9月の第1週末にリルで開催される「町を挙げてのブラドリー」のことを聞いたのは。

新聞の情報によると、なんでも町中の道といった道に1万人の業者が立ち、延べにしたら100キロメートル以上の長さの市が繰り広げられるのだとか。ビジターの数も毎年増え続け、昨年は300万人を記録している。またしても、蒐集家の血が騒いだ。そんなわけで、例のごとく、クレール、景山氏、そして私の3人は、まだ夏の日差しが残る9月の第1土曜日の早朝、パリを出発したのである。

今でこそ「ブラドリー」という言葉は「レ・シヌールたちが足繁く通う安物市」を指すが、語源はフラマン語の「ブラデン」で、ローストするという動詞に由来している。北フランスやベルギー、オランダのフランドル地方では、早くも15世紀から定期市が開催され始めたが、当時から、ロースト肉を売るスタンドは必ず出店されたそうだ。18世紀に入るとリルの定期市は8月に7日間連続で開催されるようになり、その頃から保存食やスパイス等が販売されるようになったという。

店主たちは毎年この機会を在庫処分の日と定めて、店の商品を破格値で大放出した。また、お金持ちたちもこれに倣ってカーヴや屋根裏に眠っている洋服、中古品等をお手伝いさんに預

何でも揃うリルの大放出市。トランクを引いて掘り出し物を物色しにくる常連も。

何を見ても破格値なので、取りあえず買っておこうという気にさせるリルの大放出市。

とるに足りない物ばかりと思いきや、キラリと光る掘り出し物があるのが市の醍醐味だ。

不思議な魅力のぬいぐるみの猫。あどけない青い眼が、猫好きにはたまらない。

ラスター彩色の陶器の猫。美しいネックレスまで付けているおしゃれさんだ。

昔のミッキーマウスは鼻が長いのが特徴。コレクタブルズの人気は根強い。

け、路上で販売させたのだそうだ。売り上げはお手伝いさんたちのポケットマネーになるので、彼女たちはボーナス稼ぎに喜んで場所取りし、商売に励んだという。ブラドリーが時に「ヴィッド・グルニエ（屋根裏部屋を空にするための掃除）」と呼ばれるのはそのせいである。

❖ 市民がにわかディーラーになる日

上り線も下り線もリルに近づくにつれて車の数がどんどん増えて、高速の出口は大渋滞だった。やっと高速を降りても、無料の駐車場を求めて多くの車が右往左往している。この日だけは警察も大目に見てくれるという暗黙の了解なのだろう。「もう、運転は飽き飽き」とその場で放棄し、大通りのど真ん中にどん、と車を乗り捨てる人までいた。とはいえ、撮影機材のある私たちは、なるべく町の中心に近い駐車場を探したい。景山氏は果敢に車を走らせ、大放出市の目と鼻の先の有料駐車場を見つけて、無事駐車することができた。

公式にはリルの大放出市は9月の第1土曜日の15時から翌日曜日の24時まで、33時間ノンストップで開催されることになっているが、実際プロの売買は土曜日の早朝から始まっている。その証拠に、土曜日の12時、市の開催より少し早めに到着して駐車場を後にした私たちの横を、大きなキャリア付きトランクを引きながら戻ってくる業者らしき人をみかけた。きっと、彼らは一仕事終えて、次なる市へと出かけていくのだろう。

一部の目抜き通り以外、場所代が無料のリルの大放出市には、プロだけでなく老若男女、子供さえも販売に携わるのが特徴だ。この週末から月曜日にかけて、町の中心にあるすべての店は休業で、軒先をディーラーたちに明け渡す。通常、プロの業者は主にジャン・バティスト・ルバス大通りを中心に、ガンベッタ、パリ、ナショナル、ヌーヴ、ベツネ通りとオペラ座からポルト・ルゥーバにかけてスタンドを構えている。また、シモン・ヴォラン広場や市役所広場には、週末だけ骨董《こっとう》商になるアマチュア・コレクショナーのスタンドが多い。個人的には市役所からほど近いポルト・ド・パリ広場やその周辺の道、また裁判所近くのモネ通りに掘り出し物が多いと感じた。

町の中心地はプロ、アマによる場所取りも結構大変らしく、一般の人々は、主に中心をはずれた場所でのんびり商売を営んでいた。2、3点の電気製品を路上に置いて売るおにいさんは1時間くらいで業務終了予定の軽装だし、むっつりした面持ちのカップルは、今朝まで使っていたらしいカフェオレ・カップやパン皿等、生活必需品であるペアの食器を販売していた。〝破局のオーラ〟を隠しきれない彼らを見て、「朝食の話し合いでこれを売る結論がでたのだろう……」と余計な詮索《せんさく》までしてしまった。

また、小さな子供が何人か集まって小さくなった靴や洋服、おもちゃといった私物を販売している姿はなんとも微笑ましかったし、お母さんが「クリスタルのグラス、三つで10ユーロ」と破格値を提示する横で、7歳くらいのお嬢ちゃんが「お母さん、それ安過ぎよ。三つで12ユ

42番地アングルテール通りのジュエリーショップでは、珍しいアンティークが手に入る。

お祭り気分で飲み過ぎる輩も多いので、付近の町からも警察が出向し、警備も念入りだ。

シャンデリアは昨今値上がりしているが、これは185ユーロとリーズナブル。

ガスから電気に変わった時代のランプや台風時の緊急用ランプ。15〜30ユーロ。

現在では作られていないウラングラスは、暗闇で怪しく光るのが特徴。

売り上げは、欲しいものを買うための大事な収入源。呼び込みにも熱が入る。

いらなくなったおもちゃを販売する子供たち。愛着あるおもちゃの値下げ率は低い。

工場で使われていたパーツ入れは、コレクションを飾る陳列棚にぴったりだ。

おもちゃは大人のコレクショナーにとっても貴重なコレクタブルズ・アイテム。

ムール貝やジャガイモの煮込み等、美味しそうな料理を販売する露店も多い。

ーロです！」としっかり言い直す場面にも出くわし、思わず「フフっ」と噴き出したくなる、いかにも週末のレジャー的なムードが漂っていた。

そんななか、アンティーク的な価値を求めて目をこらしていると、この土地が海からも近いことを思い出させるマリングッズや、地方色豊かなものが目に入ってくる。

リルは19世紀後半、炭坑がたくさんあったことでも知られる場所だ。町に近づくにつれ道路の脇に突如現れる真っ黒な小高い山に驚かされるが、これこそが当時の炭坑の名残である。想像を絶する、厳しく命をかけた炭坑での仕事は、昔、映画で見たことがある。しかし、そこで使われていた真っ赤なランプはとてもかわいらしく、そんなイメージを一気にかき消してしまう。台所に付けたらそれだけで、今流行のカントリー・スタイルとやらを演出するのにぴったりだ。

同じスタンドでは、メタル部分のレリーフがまさにアール・デコスタイルの、珍しいランプも販売していた。どちらかといえば貧しい北の暮らしでは、古い家屋を大事に使っていたおかげで、こうした１００年を経ていない若いアンティークが、比較的豊富に手に入るのだろう。また、フェルメールの絵画に描かれているような、デルフトに似た白地にブルーの花柄のタイルは、その昔、リルで作られていたものらしい。かなりの数があるので、台所を改築する際に用いたらとても映えるだろう。日本には部屋を飾るためのインテリア・グッズはずいぶん輸入されているが、家を建てるときに用いる資材的なアンティークがまだまだ少ない。「こうした物を輸入する人も、近い将来必ず現れるだろうなあ」と思いながら、見入ってしまった。

リルから150キロほどのディエップは、その昔、アフリカから象牙《ぞうげ》を輸入し、それを加工する工房があったことでも知られる場所だ。1ミリ以下の極細の一刻刀を用いて何層にもわたる象牙の絵画を掘る技術は、コンピューターを駆使しても難しい技術で、当時、どのように作っていたか100％は解明されていないそうだ。もちろん、中国でも似た物を作っているが、18世紀のその繊細な象牙細工とは全く違う。何度も失敗を繰り返しながら技を習得し、かかった時間と値段にこだわらない、贅《ぜい》の限りを尽くすお金持ちたちのために作り上げた象牙細工の美しさは、何度見てもため息がでる。

ディエップにある象牙美術館では、こうしたため息ものの象牙細工が堪能《たんのう》できる。手に入れて楽しむなら、日傘の把手《とって》や印鑑がお勧めだ。ヴィーナスを彫った物、花をモチーフにした物等、特に19世紀後半、ナポレオン3世時代からアール・ヌーヴォースタイルの物には美しい品が揃っていて、コレクションし、飾っておくのに最適だ。

この旅で手に入れて最も悦に入ったのは、「愛の結び目」と呼ばれる結び目状の装飾が十字架の全体を覆う、ダンケルクやブーローニュ・シュル・メール等、この地方特有の漁師の妻たちのジュエリーだ。こうした十字架は結納品代わりに新郎から贈られるのが常で、結び目は沖網をモチーフにしているのだという。

フィリグリーやグラニュレーションと呼ばれる粒金細工を駆使し、少ない金をより豪華に見

レデュイ通りやフレデリック・モテス通りには、オランダやベルギーの業者が集まる。

大放出市の間、町の中心部は歩行者天国になり、カフェもテラス席を広くとる。

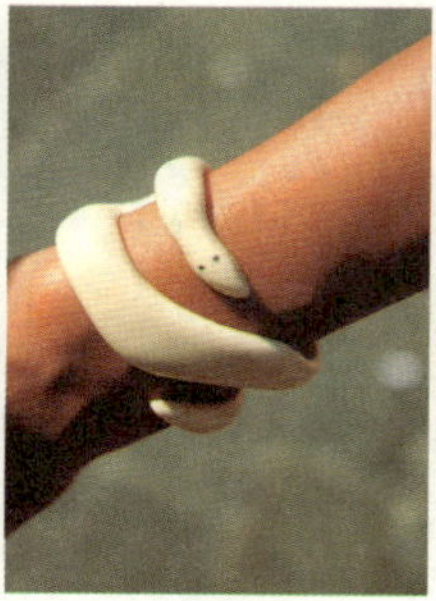

最近はバイクよりも人気のアンティークなベスパも、売りに出されていた。

象牙の蛇ブレス。蛇は永遠のシンボルで、お守りの意味もある。30ユーロ。

30年代クラックレ技法の陶器のサッカー少年は、たった8ユーロの掘り出し物。

コミックもコアなファンがいるアンティーク・アイテム。最近は日本のマンガの人気も高い。

せるために叩《たた》いてふくらみを持たせた金を溶接して作る十字架は、切り詰めた生活のなかでの最高の贅沢品だったはずだ。愛の重みを感じさせるジュエリーは、鶏の頭の刻印がある18世紀後半の品で、たまたま入ったリルの路面店で見つけた物。この旅の思い出として、今でも大事にしまってある。

大放出市の途中の食事は、フランドル名産の「ムール・フリット（ムール貝のワイン蒸し、ポテトフライ添え）」と相場が決まっている。どのレストランも店の前に簡易テラスを出して、大々的にこの料理を売っている。お客が食べたムール貝の殻はあえて店の前に捨てられて、日曜日の夜にその年の〝売り上げナンバーワン〟の店が表彰されるのだという。

ランチには時間をかけて、冷えたワインとムールを食べて疲れを癒《いや》したものの、市の大きさは尋常ではなく、明日に備えて18時には町を後にしてホテルに戻ることにした。21時まで明るいこの季節、町の活気は最高潮に達していて、「ここからが本番」と繰り出す若者たちの姿も多かった。

ホテルは喧噪《けんそう》のリルから少し離れ、かつて薬草酒を作っていたカーヴのあるシャトーホテル「ラ・シャルトルーズ・デュ・ヴァル・サン・テスプリ」。日頃、観光客が少ないからなのか、客室もデラックスかつ静かで快適な4つ星ホテルにもかかわらず、宿泊費がとても安いのが印象的だった。

この日は大放出市にかけて地方からやってきた人々で、ホテルのレストランはとてもにぎわっていた。彼らに交じって北の町のビールで喉《のど》を潤し、ビールの煮込みやアンディーヴといったフランドルの名物料理を堪能した。もちろん、消化を助けるシャルトルーズ（薬草酒）も忘れずに。

旅の印象は、季節や自分自身のコンディション、そして連れとの相性で大いに違ってみえるものだ。こうして訪れると、北の町の印象はすこぶる良い。特にリルは、ルーヴル美術館に次ぐ美術館があったり、旧市街は中世の町並みを残す美しい町で、是非、また訪れたいと思った。きっと今まで良い印象を得られなかった土地も、同様なのだろう。機会があったら嫌がらずに再訪すべき、と反省しつつ、日曜の午後、私たちはリルと大放出市に別れを告げたのだった。

起源は17世紀に遡るラ・シャルトルーズ・デュ・ヴァル・サン・テスプリの建物。

それぞれの客室は庭に
面していて大変静かだ。
アンティークな凝った
インテリアが魅力的。

ホテルのバーでは、年代物の薬草酒が楽しめる。ホテル内には三つのレストランがある。

リル政府観光局

Office du Tourisme de Lille

住　所	Palais Rihour 59002 Lille Cedex
TEL	03-59-57-94-00
URL	http://www.lilletourism.com/

ラ・シャルトルーズ・デュ・ヴァル・サン・テスプリ

La Chartreuse du Val St.Esprit

住　所	1 rue de Fouquières 62199 Gosnay
TEL	03-21-62-80-00
FAX	03-21-62-42-50
URL	http://www.lachartreuse.com/
ツイン	130ユーロ〜

庭のプールやゴルフを楽しめる他、中世の町、ゴスネイ等の観光地にも近い。

9

ブルターニュ
Bretagne

イル・エ・ヴィレンヌ県の夏の市

東京、ニューヨーク、ロンドンがコスモポリタンな都会であるように、その規模は小さいが、パリもフランス本来の姿に様々な国際文化が交ざり合って作り上げられた「都市」である。それに反し、フランスの田舎にはその土地に根付いた色濃い文化がある。25歳で渡仏した私は、そんなフランスの地方文化を取材し、日本に紹介したいという思いを抱えていた。

そして最初に居を構えたのが、ブルターニュ地方だった。当時、「ブルターニュに行きます」と話すと、必ずといってよいほど、「ああ、あのワインで有名な」とブルゴーニュに間違えられたものだ。今でこそ、日本でもそば粉のクレープが食べられるようになったり、タラソテラピーやモン・サン・ミッシェルが有名になって少しずつ知名度が上がってきてはいるものの、まだまだブルターニュを知る人は少ない。

ブルターニュ沿岸は、英語ではブリタニー・コーストと呼ばれている。「イギリスの海岸」みたいに聞こえるが、そもそもこの土地の先祖は対岸のイギリスから渡ってきたのだから仕方がない。ブルターニュは、5世紀半ばに蛮族の侵入に追われたケルト人が安住の地を求めてドーヴァー海峡を渡り、フランス側のアルモール（古ケルト語で海の国の意味）に住み着き、その地を小ブリタニア、「ブルターニュ」と呼ぶようになったのが始まり。その名残は、スコットランドやアイルランドと同じように、大母神を神として崇《あが》めたたえる偶像崇拝や、50キロにわたって線状に並ぶカルナックの約3000程の巨石像「ドルメン」や「メンヒル」に見て取れる。

939年、アラン・バルブ・トルトによってブルターニュ公国が建国されると、ブルターニュはブルトン語という独自の言語を話す独立国になった。彼らの民族の誇り高さは他の地の比ではない。今から20年程前まで、南ブルターニュ地方の一部では、小学校の国語の授業にフランス語でなく、ブルトン語を用いて教えていたほどだ。

長年、ブルターニュは中部フランスに対抗して独立を守っていたが、フランソワ2世公王亡き後、娘のアンヌ・ド・ブルターニュはブルターニュの民を守るためにヴァロワ王朝シャルル8世と結婚した。彼女はしばらくの間フランス王妃とブルターニュ公妃を兼任していたが、その死後の1532年、献身虚しくブルターニュはフランスに吸収され、その一部になった。

ブルターニュには「約束の指輪」と呼ばれるケルト民族に伝わる伝統的結婚指輪がある。これは、王冠が載ったハートを両手が抱えている指輪で、ブルターニュの英雄、アンヌ・ド・ブルターニュの棺《ひつぎ》に王冠がのせられている様を模しているという。ブルターニュ公国に対する献身的な彼女の行いと、夫に対して貞節な理想の花嫁の姿をだぶらせたのだそうだ。

ヴァカンス地としても人気のブルターニュの海だが、水は冷たく夏でも20度以下だ。

ブルターニュでは、人だけでなく、犬ものんびり暮らしている。

海岸線には、イワシ漁をする漁師の小舟がたくさん浮かんでいる。

カンカルはヨード分が多く豊潤なことで知られる。平牡蠣が特に有名。

そば粉のクレープは代表的なブルターニュの味覚。シードルと一緒に味わうのがお決まり。

夏の食卓に毎日のように登場するアーティチョーク。ガクを歯でしごきながら食べる。

私が1年過ごした北ブルターニュは、潮の満ち干きが烈《はげ》しいリアス式海岸だからこそ条件を満たす、澄んだ海水を利用したスパ施設、タラソテラピーで有名な場所。夏涼しく、冬でも霜が立つことはない温暖な気候が魅力で、スノッブなコート・ダジュールとは違う、素朴で野趣溢《あふ》れる風景に魅せられたリピーターに愛されている。

フランスの親代わりで、ブルターニュの魅力をたっぷり伝授してくれた恩人、元ブルターニュ観光局の局長であるカミーユや、スイス人と結婚した後輩の美穂子さんがモン・サン・ミッシェル対岸の牡蠣《かき》の名産地、イル・エ・ヴィレンヌ県のカンカルに住んでいるので、現在でもブルターニュには年に1、2度、暇を見つけては出かけている。

私が住んでいた当時からはすでに17年の月日が流れているというものの、ブルターニュの風景や生活のリズムは当時とそう変わりがない。まだフランスという国を理解できず途方に暮れることはあっても、若さ故の無鉄砲さが昂《こう》じて何でもやり遂げてしまった日々。ブルターニュを訪れると、そんな時代が走馬灯のように駆け巡り、懐かしさと同時に元気が漲《みなぎ》ってくる。

毎年欠かさずに通ってはいるものの、夏のベストシーズンにブルターニュを訪れる機会のないまま10年の月日が流れた。そんなある日、美穂子さんが「すぐ近くの村で大きなアンティーク・フェアがある」と教えてくれた。「いつもと違う地でのアンティーク探しも悪くないか」と、目的地を南仏からブルターニュに変更したクレールと私は、8月の第1週目、リゾート気分満載のブルターニュ行きTGVに乗り込んだ。

8月のヴァカンス客でごったがえすモンパルナス駅を7時5分に発車した汽車をレンヌで乗り換え、サン・マロには10時半に到着した。駅には、遠目からでも人目を引く、東京に居るときから変わらない、伸び伸びとした肢体が美しい我が後輩が迎えにきてくれていた。

彼女はブルターニュに嫁いでから、政府観光局の回し者かと思うくらいにブルターニュを愛し、訪れる度に私の忘れていたブルターニュの魅力を再確認させてくれる。実直なブルトンの住むその土地は表面的な華やかさには欠けるものの、実は様々な文化が息づく土地で、知れば知るほど味わい深い。それは私が身をもって体験したブルターニュという土地柄でもある。

この日も彼女は車の中で、これから行くサン・メロワール・デ・ゾンドのレクチャーをしてくれた。彼女の話によると、この土地は肥沃《ひよく》で、海沿いの地、エメラルド海岸で収穫される80％以上の野菜を作っているそうだ。また、昔からお金持ちに愛されてきたこの村には、今でもマナーハウスやシャトーが点在している。それらは修復の手が加えられ、現代人の住まいとしてその役割を果たしているのだ。また、8月のアンティーク・フェアは年々充実し、それに伴いビジターの数も増え続けているとのことだった。

❖ 伝統を反映するブルターニュ公国のアンティーク

大きな駐車場に車を置き、8ユーロを払ってフェア会場に入場した。ざっと見回すと、10

昔のブルトンの女性は何種ものコワフを所有し、様々なシチュエーションで被り分けた。

今では、色鮮やかな民族衣装を刺繍する職人の数も、わずかになってしまった。

日本の桜や紅葉柄の陶器同様、季節感を感じながら贅沢に用いるバルボティン陶器。

春の訪れを感じさせる白アスパラガスを食べるためのバルボティン陶器。

0店舗ほどのスタンドが立つ建物のなかは、ビブロと呼ばれる小物類や高級陶磁器、ガラス、また、マホガニーの高級家具が多い。それに対して外のテントには、キッチンに置くような大型家具類やサマーハウスのインテリアにぴったりのマリングッズ、リネン類が並べられていた。

昔ながらのモスグリーンのガラス製の船の浮き、また、釣りのえさに使うエビを入れておく缶や、腰に下げる魚入れの籠《かご》等は、漁師の多いブルターニュならではのアンティークだ。また、カンカルという地名とアルファベットが書かれた長持ちは「トゥロタン」と呼ばれ、その昔、長期にわたる航海の際、船乗りが身の回りの物と蠟燭《ろうそく》を入れておく物だったという。長年使用されてペンキの色もかなりはげかかっているが、そこがまた味わい深く、海辺の別荘があったら是非手に入れたいと思った。

現代に作られた物がほとんどだが、ブルトンの家庭に一つは必ずあるのが、南ブルターニュ地方のカンペール焼だ。民族衣装を着けたブルトンやダリアが描かれているカフェオレ・カップ、皿等の陶器は、黄色やブルー、オレンジと、派手な色の絵の具を直接指に付けて絵付けをする素朴な風合いが魅力。

1690年、陶器に適した良質の粘土が採れるカンペールで、ジャン・バティスト・ブスケがヌヴェール焼やルーアン焼、ムスティエ焼を真似て作り始めたのが、カンペール焼の発祥だ。昔は町を挙げての一大産業だったので多くのブランドが様々な製品を製作していたが、現在はHBとマーク付けされている老舗《しにせ》アンリオのアトリエのみが残っている。

18世紀は磁器の代用品としてイギリスやヨーロッパの植民地に向けて大量に輸出していたらしいが、1925年以降、生産量はぐっと少なくなってしまったという。それでも、ブルターニュで活躍する新進デザイナーを起用する等して新モチーフを生み出し、現在でも実用品として役立つアイテムを作り続けている。

今回、アンティーク・フェアで見つけたカンペール焼は、1900年代前半のもの。マリア様の優しい顔立ちがいかにもご利益ありそうで、目に留まった。農業の地として有名なジョスランのバジリカ大聖堂の名前入りで、豊作を願って作られた物のようだ。お値段は300ユーロ。かなりな高額だが、カンペール焼自体が高価になってきている故、仕方のない値段設定なのだろう。

夏のプロヴァンスでは帽子に日焼け止めが必需品で、それでも夕刻の日差しに辟易《へきえき》するのが常だが、それに比べてブルターニュでは、夏でも日陰に入ると半袖《そで》では肌寒いくらいの涼しさだ。その気候の違いは、同じフランスとは思えない。

この季節、ブルターニュでは最大のイベント、パルドン祭が各村で開催される。巡礼の女性はその地域ならではの形をした「コワフ（頭飾り）」をかぶり、男女共々金糸や銀糸、また、美しい色合いの糸で刺繍《ししゅう》した民族衣装を身に着け、各小地区の旗を掲げて村から村を練り歩く――これが昔からの習わしだ。この日に限ってはお金持ちも貧乏人も、巡礼者は頭からつま先までおしゃれするのがしきたり。アンティーク・フェアには、こうした民族衣装やジュエリーを集

サン・メロワール・デ・ゾンドの市は、半日で見切れるくらいのほどよい大きさだ。

ブルターニュの民族衣装と髪飾り、コワフ。胸元には吹きガラスのアクセサリーを飾る。

船の汽笛や釣り針等、アンティークのマリングッズはインテリアとして人気が高い。

船乗りが身の回りの品物や蠟燭をしまっておいた旅行用の長持ち、トゥロタン。

昼間も美しいが、ライトアップされたモン・サン・ミッシェルは、さらに幻想的だ。

カンカル政府観光局 Office de Tourisme de Cancale

住　所｜44 rue du Port 35260 Cancale
TEL｜02-99-89-63-72
URL｜http://www.cancale-tourisme.fr/

レ・メゾン・ド・ブリクール Les Maisons de Bricourt

住　所｜1 Rue Duguesclin 35260 Cancale
TEL｜02-99-89-64-76
FAX｜02-99-89-88-47
e-mail｜info@maisons-de-bricourt.com
URL｜http://www.maisons-de-bricourt.com/
営業時間｜火曜休み。3月中旬〜4月末、10月〜12月中旬の月・金曜の昼は休み。
水曜は7・8月の夜のみ営業。12/18〜3/17昼まで休み
コース｜昼100ユーロ、夜120ユーロ

めたスタンドも出店していた。

ブルターニュは、サン・マロ、カリブ海、アフリカを結んで、香辛料やラム酒、また奴隷や絹織物などを相互に輸出入する三角貿易で栄えた地である。当時の船乗りは外国からいろいろな物を運んだが、その一つが民族衣装に刺繍されているダリアの花だ。

ダリアは17世紀、インドのカシミールから輸入され、ブルターニュで栽培され始めたという。そのせいもあって、カンペール焼や民族衣装にはダリアのモチーフがよく描かれているのだ。また、民族衣装の刺繍の多さと所有地の広さは比例している。刺繍が派手であればあるほど多くの資産を持っていることを示すし、貧しい人はハレの日もわずかな刺繍しか施されていない衣装を身に着けるのが常だった。

民族衣装の仕上げに欠かせないアクセサリーは、「エパングル」と呼ばれる吹きガラスのピンブローチ。古い物であればあるほど装飾性が高く、美しい物が多い。

また、フランス王室のマークが白百合《しらゆり》をシンボライズした物だとしたら、ブルターニュの国旗にも使われていて、アンヌ・ド・ブルターニュをシンボル化したのが白テンのマーク「エルミン」だ。白テンのしっぽをジオメトリックに表現したような「エルミン」マークは、愛らしい形をしている。私はこの日、お守りの役目もするという純銀製の「エルミン」マークを購入し、車のキーホルダーとして利用している。

❖ 旬の食材を堪能するための贅沢な食器

昼食を挟んでアンティーク・フェアを堪能した私たちは、夕方、隣村の空き地で開催されているヴィッド・グルニエを散策した。簡易スタンドを作ったり、ビニールシートを敷いて販売にあたる３００人以上の人たちはほとんどがアマチュアで、家にあったいらない物を販売しているようだった。

偶然、何代も受け継がれたアンティークががらくたに忍んでいる可能性はあるものの、マルシェも終盤に向かう時間ゆえ、そんな幸運は皆無に近い。それでも、美穂子さんは子供のお土産にするおもちゃの数々を10ユーロで、私はスープを作るための漉《こ》し器を５ユーロでせしめ、それなりに充実した気持ちでマルシェを後にした。

そこから15分車を走らせ、美穂子さん家族の住むカンカルへ。ここは、ブルターニュでも有数の牡蠣の養殖場だ。また、２００６年、見事ミシュランの３つ星に昇格したオリヴィエ・ローランジェ氏のレストラン「レ・メゾン・ド・ブリクール」があることでも、グルメにはよく知られている。町にはガストロノミック・レストランだけでなく、ホテル、長期滞在用のアパルトマン、サロン・ド・テ等、彼のプロデュースする店がいくつもあって、ちょっとした観光名所になっている。

海を望む彼女の自宅はそんな牡蠣棚の目の前にあって、季節を問わず、美味《おい》しい牡蠣が手に入る。その日の夕飯も、料理好きの夫と彼女の二人三脚で、テーブルには美味しそうな料理が数々並んでいた。つるりとした喉越しのよい、濃厚な牡蠣と白ワインに舌鼓を打ちながら思い出したのが、その日のフェアで見かけたバルボティンの牡蠣皿だった。

16世紀にベルナール・パリッシーらの陶工が、本物と見間違うような精巧な細工で、皿の上に蛇がのたうつグロテスクな陶器を作ったのがバルボティンの始まりだ。その後、ナチュラリスムや1900年前後のアール・ヌーヴォースタイルの隆盛とともに、バルボティンの人気は頂点に達した。

主に東部や北部フランスで作られる植物や貝を象《かたど》った派手な陶器、バルボティンには、アスパラガスや牡蠣等、季節の恵みを讃《たた》える旬の食材を載せるためだけに生まれた、贅沢《ぜいたく》な食器がたくさんある。皿状の貝のくぼみに、本物の貝を置いて食事を楽しむ皿。17世紀、ルイ14世の食卓でも供された評判のブルターニュの牡蠣を楽しむなら、バルボティンの皿とそれ用の平べったく小さな牡蠣フォークがあってもよい。

もしまたブルターニュに住むことがあったなら、アンティークならではの〝無駄の贅沢〟をむさぼり、そんな牡蠣グッズを手に入れるのも乙なものだ。酔いのまわりつつある頭で考えた、アンティーク蒐集の新たなプロジェクトである。

アンティークの基礎知識

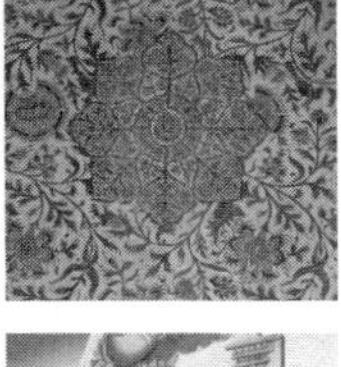

知っておきたい用字用語

ジュモー社の人形には歯まである。

ビスク・ドール — la Poupée à la tête en porcelaine

18世紀から流行し1930年代まで製造されていたビスク・ドール。元々は、少女の高級なおもちゃとして、またオートクチュールのドレスを展示するために作られていた。ビスクとはフランス語のビスキュイ(Biscuit)からきた言葉で、素焼きという意味。釉薬を使用せず、素焼きに彩色して再び焼き上げる磁器を指し、硬質の素材を頭部に用いることによって人形の気品を生み出した。有名なのはジュモー社のベベ・ジュモー。ウエディングドレス、旅行等、彼女のためにワードローブも同時販売されていて、あわせて爆発的人気だった。大きな目と太い眉《まゆ》が特徴で、サインは後頭部の首の上あたりに入っているのが普通。色白の物が良いとされている。パリ風の凝った衣装のベベ・ジュモーは200万円ほどで取り引きされている。

一番人気は20世紀前半のシュタイフ社製。

テディベア — Teddy

テディベアという呼び名は、第26代アメリカ大統領、セオドア・ルーズヴェルトの愛称、テディから生まれた。1994年のピーク時には、ロンドン、クリスティーズのオークションで、1904年の「テディガール」が11万ポンド（約2200万円）の高値で競り落とされた。特に有名なのが、ドイツのシュタイフ社の物。1930年以前の物はウールモヘア製、目はブーツ・ボタンかガラスでなくてはならない。脚の裏はフェルトであること、また、耳や鼻がとりかえられていないかもチェックが必要。

リモージュ — Limoges

19世紀のブルジョワ家庭の食器は、48枚のディナー皿、24枚のスープ皿、24枚のデザート皿、それに、テーブルでスープをサービスするためのスープチュリン、メインディッシュに添える野菜皿、ソース入れ、サラダボウル、コンポート皿、果物皿等、244のアイテムから構成されている。30

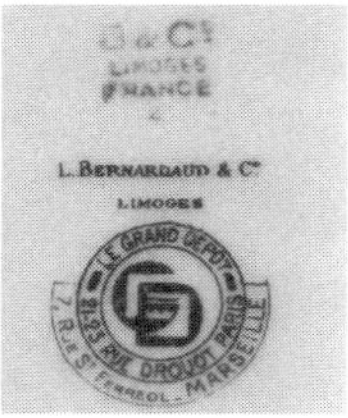

現存する窯元、ベルナルド社のポーセリンマーク。

年代になるとその数はぐっと減り、12枚のスープ皿、36枚のディナー皿、12枚のデザート皿といくつかの違った形の食器の75のアイテムからなるのが普通だ。

リモージュ窯《がま》は最初陶器を製造していたが、1771年から磁器の製造に乗り出した。

1774年からアルトワ伯爵（後のシャルル10世）の支援を得て、Limoges CDというブランドで製造を始める。この当時の刻印は赤かブルーで描かれていることが多い。1784年からは王立窯セーヴルのために白磁陶磁器を作り始める。当時の物には、porcelaine royale de Limogesと描かれていることもあり、絵付けはセーヴルでされていた。19世紀の初めにリモージュには6社の有名ブランドが誕生している。アンティークのお勧め品は18世紀後半から19世紀前半、また、アール・デコ時代のアヴィランやベルナルド社の物。

ヴィンテージドレス&アクセサリー — la Mode vintage

アンティークの定義は、本来100年以上経た美術品を指すが、現在は

エルメスのケリーバックは根強い人気。

100年経ていない品物に人々が価値を見出《みいだ》し、中古品扱いされていた物がヴィンテージと呼ばれ珍重されている。なかでも、ここ2、3年最も注目されているのはファッションの都、パリのオートクチュールドレスやアクセサリー類。特にクリスチャン・ディオールやイヴ・サンローランのクチュールドレス、エルメスのバッグは人気が高く、オークションでも高値で取り引きされている。毎年、鑑定士D・ションベール&F・ステルンバック（☎01-42-47-12-44　eメール chombert-sternbach@luxexpert.com）がオーガナイズするオークションには素晴らしい物が出展されると評判だ。今後は20年代のマダム・グレ初期の物が狙い目だという。

アンティーク・ジュエリー — le Bijou ancien

紀元前2万年以来、魔除《まよ》けや権威を象徴するために身に着けられていたジュエリーは、17世紀の初めまでは主に男性のための物だった。それが女性のおしゃれ用になったのは、18世紀ロココの時代になってから。その時代、ジュエリーは限られた人だけの贅沢《ぜいたく》で、宮廷に出入りする人以外は宝飾品を身に着けてはいけないという法律も敷かれていたという。

貴石はダイヤモンド、エメラルド、サファイア、ルビーのみを指す。

「パット・ド・リ」にアール・ヌーヴォーらしい花が描かれた花瓶。

フランス革命が勃発し、貴族に代わってブルジョワジーが擡頭《たいとう》してから、ジュエリーは一般的になった。当時から現代に至るまでフランスでゴールドといえば、75%が金でそれ以外は硬さを出すために銅や銀を混ぜた18金を指し、鷲《わし》の頭の刻印を打つことが国の法律として義務づけられている。しかしこの基準は国によって違い、イタリアやアメリカでは9金、イギリスでは14金等が主で、刻印は義務づけられていない。

プラチナの価値が見出されたのは18世紀になってからだが、融点が高く、加工は困難だった。それがジュエリーの細工に使われるようになったのは、20世紀以降。透明なダイヤと希少性の高い白い貴金属、プラチナを用いたアール・デコスタイルらしい繊細な細工のジュエリーが、続々誕生した。

最近、こうしたハイジュエリー以外にも、ハリウッドの映画スターが撮影のために身に着けたゴージャスなイミテーション・ジュエリー「ビジュー・ファンタジー」が人気。特に、スキャッパリ、シャネル、ハスケル、トルファリ等のサイン入りの物は値が上がっている。

オパリンガラス — l'Opaline de verre

砂糖、チコレ(コーヒーの代用品として飲まれた嗜好品)等のキャニスター。

白や水色に白濁したガラスを指す。磁器を模して製造されたのが誕生のきっかけだが、19世紀はじめの王政復古の時代や、アール・ヌーヴォーの時代に人気が高く、数多く作られた。「オルタンシア」と呼ばれるピンク、「テュルコワーズ」と呼ばれる水色のクリスタル製(原料に鉛を入れて強度を出したガラス)は、バカラやサン・ルイといったブランドで製造された物が多い。また、「パット・ド・リ(米粉)」とか、「セレスト(空色)」と呼ばれるのは、吹きガラス製。100万円以上で取り引きされる物も多い。

ホーロー製品 —— le Ustensile en émail

1780年以降、キッチン用品として登場し、19世紀全般にわたって広まった。便利で軽く丈夫で、陶器や銅製品の代用品として愛されているが、〝カントリー・スタイル〟なるインテリアの流行により、最近日本でも高値で取り引きされている。その波はフランスにも逆輸入され、現在フランスでも品数はぐっと減り、値段も急上昇。アイテムはコーヒーポットやキャニスターが一般的で、Bとライオンのマークのボウマン(Baumann)社の物が一番人気。他には、Bの周りを三つの王冠が囲んでいるマークが目印の、旧チェコスロヴァキアのウルマン・エ・フィス（Ullmann et fils）社の物が有名だ。白やピンクがベースの物は多いが、紫やグリーン、特に赤と黄色の物が貴重品。

ムスティエ — Moustiers

18世紀後半、ネオ・クラシシスムスタイルの図柄。

マルセイユから北東に100キロ、オート・プロヴァンスの山間にある巡礼の地、ムスティエ・サン・マリー。16世紀から存在するが、1679年、ピエール・クレリシィによって窯元の技術は革命的に進歩した。磁器が一般的でなかったその時代、濁りのない白い地色が美しいムスティエの陶器は、王侯貴族に大人気だった。染め付けを思わせるベラン・スタイル、ジャガイモの花、投げ入れ花等モチーフは様々で、手頃な皿で15万円、珍しいスープチュリンだと1個150万円前後で取り引きされている。

コレクタブルズ — les Collectables

もともと価値ある物ではないが、蒐集家《しゅうしゅうか》がコレクションし始めたことで値段が上昇しだしたアイテム。物によっては非常に高い値段で売買される。期間限定で消費者に配られたノベルティー・グッズ等がその代表で、フランスでは１９１４年に発売され、バナナの粉にカカオの香り付けをしたココアのような飲み物「バナニア」のアイテムが人気。黄色い地色にバナナモチーフ、ニカラグア（ここでジャーナリストが飲んだのが始まりだったから）の黒人モチーフがキッチュで可愛い。現在、キャラクターイメージの缶は１万円近くで取り引きされている。

ロブシュ — Robj

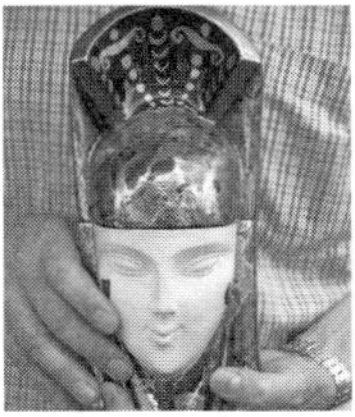
エキゾティックな女性のマスクを象ったランプは、珍しい。

アール・デコ時代の人気陶磁器クリエーター。１９２０年代、修道院で作られる薬草酒、ベネディクティンを入れるための修道女の形のボトルや、カルヴァドスを入れるノルマンディーの農夫を象《かたど》ったボトル等が作られた。こうしたボトルのデザイナーとして知られているのがロブシュ（本名はジャン・ボルン）。彼は１９０８年より熱で香料が香るランプを作り始め、１９１０年に商標登録している。第一次世界大戦後はスタジオを構え、彼の死後もデザインチームがセーヴルやビレロワ＆ボッホのために38年まで仕事をした。コレクショナーも多く、オレンジ売りのボトルは約40万円。いくつかのモデルは、彼のデッサンをベースに現在も製作されている。

クラックレは、どことなくアジアンテイストだ。

クラックレ — le Caquelé

焼き締めた陶器を急激に冷却することで、オブジェの表面全体に装飾として細かな亀裂を入れたヒビ割れ陶磁器。1925〜1930年代に人気の技法で、ベルギーのアーティスト、ポンポンらが愛らしい陶器の動物をこの技法で作ったことで有名になった。他に有名なアーティストとして、セーヴル窯のエドゥアール・マルセル・サンド、ル・ジャン、ジャン&ジャック・アドネ等がいる。当時は北や東フランス、また、ベルギーやドイツでも作られ、陶製の彫刻は20万円程度で取り引きされている。

陶器、磁器 — la Faïence / la Porcelaine

フランス語の陶器〝ファイアンス〟は、イタリアの陶器の里、ファエンツァが語源で、粘土質の焼き物に釉薬《ゆうやく》をかけて防水した物をいう。ポーセ

シルバーの持ち手が付いた、シャンティー窯の陶器。

そのまま火にかけて使えるアプト焼きの鍋。

リンはイタリア語の〝ポルチェラナ〟、つまり、タカラガイの光沢を指している。陶器メーカーとしては南仏のムスティエをはじめとして、ルーアンやアルザス・ロレーヌのリュネヴィル、サルグミンヌ、ロワールのジアン等が有名。

軟質磁器はパリ近郊のサン・クルーに代表される物で、実際にはカオリンは使わず、石灰岩質の粘土にアルミニウム、ソーダ、カリウム、ケイ素を混ぜて作るので、ナイフの傷等が付きやすい。また現在、私たちが一般に接しているのは硬質磁器。カオリンをベースに水晶等を混ぜて焼いていて、通常は色付けした後、1300～1400度で二度焼きする。ピンクや黄色等の色を出すには、それより低い温度で焼く。

南仏陶磁器 — la Faïence du Midi

13世紀から存在するが、18世紀になるとマルセイユ港から世界中に輸出されて広く知られるようになった南仏陶磁器。有名なのは、ルロワやヴァヴ・ペランといった工房、また、サン・ジャン・デセールのクレリシィ一家。珍しいところでは、プロヴァンスのアプト焼。黄色をベースに、色とりどりに染められた生地をマーブル柄に合わせて焼いた独特の陶器だ。また、ラングドック地方、モンペリエの物はモチーフに紫や紺色、ベースに黄色の釉薬が用いられていることが多く、薬瓶、プレート等が多い。

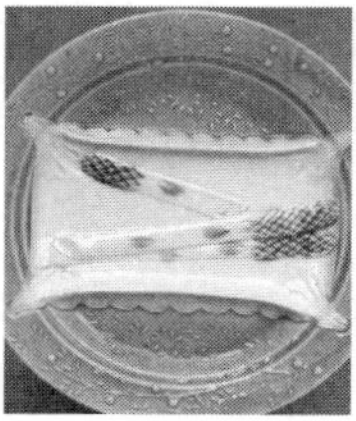
春の訪れを告げるアスパラを盛りつける皿。

バルボティン — la Barbotine

柔らかい粘土を型にはめて焼くバルボティン。16世紀にベルナール・パリッシィが作ったグロテスクな蛇や魚をモチーフにした物が発祥だが、工業生産品はイギリスの「マジョリカ」を真似て1850年頃にシャルル・ジャン・アヴィリーの手によってサルグミンヌ窯で作られ、ナポレオンの姪《めい》のマチルドによって広められた。アール・ヌーヴォー時代に大ブームになり、鉢カバーやピッチャー、アスパラガスや牡蠣《かき》皿等、ナチュラリスムをテーマに様々なアイテムが生まれた。

セーヴル焼 — Royale de Sèvres

王立窯、ヴァンセーヌがパリ近郊のセーヴルに越したのが1756年の

1834〜45年のポーセリンマーク。

伝統的なヴァロリス陶器の形から着想を得た、ピカソのピッチャー。

こと。素地作り、窯出し、型作り、彫刻、絵付け、金彩、と初めての分業制を取り入れた窯元だ。ロココの時代にポンパドゥール夫人に支援されたことによって、高品質の物を生み出し続けた。画家、ブーシェやフラゴナールを彷彿《ほうふつ》させるロマンティックなモチーフ、また、ポンパドゥール・ピンクやブルー・セレスト等、高級感溢《あふ》れる色合いが有名。現在でも活動を続けていて、隣接する陶磁器美術館も見応《みごた》えあり。

ヴァロリス — Vallauris

1872年、陶器の里だったカンヌに近いヴァロリスに、マシエ一族がアトリエを設立したことによって、世界中に有名な窯元になった。1938年にはジョルジュとスザンヌ・ラミエによる「マドゥーラ」が仲間入りし、46年からはピカソが製作を行う。それをきっかけに、ブラック、コクトー他、様々なアーティストが陶器製作を始めた。

シルバーの刻印はミネルヴァの横顔を象っている。

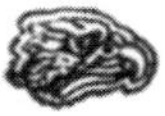
最も一般的な金の刻印。年代で鷲の顔が微妙に異なる。

金銀製品 — l'Orfèvrerie

フランスでは金銀細工店をオルフェヴレリというが、現在はその仕事の範囲も広くなって、金銀工芸だけでなく、銀や銅等に金や銀でメッキした品物やその組合もオルフェヴレリと呼ぶ。一般的にフランスでは、スターリングシルバーと呼ばれるのは１００％中92・５％の銀と、硬さを出すためにそれ以外のメタルを合金した物をいう。１８３８年より、シルバーにはギリシアの女神、ミネルヴァの横顔を刻印することが義務づけられている。また、１８４０年以降はメッキの技術が進み、シルバープレートが一般的になった。こうして銀に代わる新しいシルバーウエアで有名になったのが、クリストフルだ。

シルバーは定期的に使用していると、案外黒ずみは気にならない。しかし、卵の黄味や酢がつくと酸化してたちまち黒くなるので、そうした物を食べるときは違う素材かゴールドプレートを用いるのがお勧め。また、ナイフは刃が欠けるなどして、現在の市場で昔のままの状態で残っているものは30％にも満たない。帰国時に気をつける点は、カトラリーを飛行機内に持ち込まないこと。最近は高価な物であっても、トランクと一緒に預けないと飛行機に入る段階で止められてしまう。

ピュイフォルカ ― Puiforcat

1925年のパリ万博（アール・デコ博覧会）以来、ジオメトリックなデザインのカトラリーを製作して有名になったのが、ジャン・ピュイフォルカ（1897～1945）だ。柄に、サメの皮や象牙《ぞうげ》、木等、新素材を用いて当時の人々を驚かせた。現在でもモデルのネーミングにフランスの有名地を用いているが、1935年に進水したル・アーヴル港とニューヨーク港を結ぶ豪華客船、ノルマンディー号のスイートルームのためのカトラリー「ノルマンディー」は幅広く世に知られている。このときのディナーテーブルには、豪華絢爛《けんらん》なルネ・ラリックのグラス、アヴィラン社製作のスザンヌ・ラリックの皿とピュイフォルカのカトラリーが並んだという。また、一等席はクリストフル、リュック・ラネル、ドーム、ジャン・リュスの食器、一般席はエルキュイ、ドーム、アヴィランの物が使用されていた。

20世紀初頭の「レ・ザンディエンヌ」のピケ。

ピケ — le Piqué

14世紀にイタリアで生み出された刺し子「ピケ」は、17世紀、草木染めの工業生産で有名だったマルセイユに渡り製作され始めた。ピケには3種あって、一つは〝レ・ザンディエンヌ〟と呼ばれるインド風の布に綿や絹を挟み、サテンやタフタでカバーしてモチーフにも凝って刺していくピケ。二つ目が〝ピケ・ヴェルミキュレ〟と呼ばれる虫跡形模様に細かく刺したところに綿を詰めていく〝ブティ〟や〝アンブティ〟。これは、主に赤ちゃんの誕生祝いにおしめを替えるときのクッション代わりに贈られることが多かった。三つ目が、真っ白な綿織物に刺繍《ししゅう》する刺し子で、花嫁のための初夜の〝クーヴェルチュール・ド・マリアージュ〟になる。ピケはベッドカバーやテーブルクロス代わりに使われる他、プロヴァンスの民族衣装のスカートにボリュームを出すための下着、ジュポンに用いられた。5月のキリスト教の祭日には、マルセイユや近辺の小さな村の家屋の外壁にずらりとピケを掛けて展示する習慣もあったそうだ。今はなき、美しい習慣。

19世紀後半から20世紀前半に用いられた刻印代わりのステッカー。

バカラ — Baccarat

バカラは、ナンシーから40キロ程離れたロレーヌ地方、ヴォージュ山脈の麓《ふもと》にある村の名前。バカラ村では、1764年から当時高品質で有名だったチェコやドイツの伏せガラス、ボヘミア・スタイルのグラスを作り始めた。これがガラスブランド、バカラの誕生だ。バカラでは1816年よりイギリスを真似て、24%以上の鉛を入れた硬質ガラス、クリスタルを作り始めた。硬く透明なクリスタルは、カットしても彫刻しても映える。こうしてバカラはフランスきっての有名ブランドになった。1875年から鋳型《いがた》で作った物に関しては、グラス底にバカラとアルファベットでサインされている。また、1920年からはブランドマークが刻印されている。しかし、1860年から1936年までのテーブルウエアのほとんどはブランドマークのシール（上写真）を貼っただけだったので、残念ながら商品自体に刻印がある物はごくわずか。

今は貴重な、
廃番モデル。

ラリック ― Lalique

1885年からアール・ヌーヴォー時代の先端をいく宝石デザイナーとして名を馳《は》せたルネ・ラリックは、工業生産化の時代の波を感じて、ガラスという手軽な素材を用いてアートを生み出すことに興味を持ち始めた。当初、彼は大衆を意識しガラスでジュエリーを作っていたが、徐々に香水瓶や建築オーナメントの分野でその才能を発揮した。また、新たな交通手段として一世を風靡《ふうび》した〝車〟のボンネットの先端に付けるマスコットにも、躍動感溢《あふ》れるすばらしい物が残っている。現在、香水瓶で10万円前後、花瓶で15万円、またランプでは400万円にものぼる物がある。工業生産されたラリックの品物はすべてカタログで摺《す》り合わせることができるので、比較的偽物が少ない。

十字架 ― la Croix

キリスト教を信仰している国で、十字架は非常に大事なジュエリーの一つだ。フランス中でよく知られている十字架は「ジャネット」。ノルマン

写真手前はデコラティヴな七宝の十字架。

ディー地方だと、ロッククリスタルをはめ込んだ「クロワ・サンロー」、また、プロテスタントのお守りとして、鳩を逆さにつり下げたような「サン・テスプリ」が有名。北の地方では、金をコイル状に細工したフィリグリーや粒金細工、グラニュレーションで漁師の沖網やホタテ貝をイメージさせた「クロワ・ド・ブーローニュ」等が有名だ。宝石の付いた物は少ないので、数少ないコレクターズ・アイテムとして入手は困難。

珊瑚 — le Corail

アンティークで価値があるとされているのは、日本とナポリの珊瑚《さんご》。日本の物は「天使の肌」と呼ばれ、きれいなピンク色の物が好まれる。ナポリの血赤珊瑚は、日本のより色がまろやかな朱赤が特徴。珊瑚は妊婦や赤ちゃんのお守りで、子供のベッドに付ける天使と十字架のお守りをマーケットで見かける。イギリスのお金持ちの子供たちが見聞を広めるために、古代芸術の宝庫ローマやルネッサンスの都フィレンツェへフランスを経由してグランドツアーに出かけた際に、イタリアのお土産として持ち帰ったのがきっかけで、19世紀のヨーロッパで人気が沸騰《ふっとう》した。日本の珊瑚が人気になったのは、1867年のパリ万博の影響が大きい。

ジャック＝エミール・リュールマン — Jacques-Emile Ruhlmann

1879年、パリで生まれた家具職人。象牙やべっ甲、アフリカのエキゾティックな木といった高級素材を用いて、エレガントでスタイリッシュなインテリアを生み出したことで知られる。アール・デコ時代の有名な内装デザイナーで、若い頃から成功し、大使官邸や政府機関を多く手がけている。クラブソファー、エレファント等、名作家具も多い。1933年没。ほとんどの作品はミュージアムピース。

アール・デコらしい、ラモス・ピント社のポルト酒のポスター。

ポスター — l'Affiche

アール・ヌーヴォー時代からロートレックやミュシャの描く広告ポスターが出現したが、それが一般的になったのが、アール・デコの時代だ。内容は、車、飛行機、映画、旅行等の分野が多く、特にアドルフ・ムーロン・カッサンドルは人気で、現在高額で取り引きされている。

シノワズリーな柄を描いた
18世紀前半のルーアン焼。

ポーセリンマークは時代に
よって異なる。

マイセン窯 — Meissen

ドイツ・ザクセンのフリードリヒ・アウグスト1世強王の命により、錬金術師、ベトガーは苦心の末1709年に、ドレスデンの郊外、マイセンのアルブレヒッツブルク城で、景徳鎮や有田の白磁を模した白磁陶器を生み出した。これにより、ヨーロッパで初めて、カオリンを用いた磁器が誕生した。マイセンのアンティークはヨーロッパ陶器のなかでも最高級品の一つで、18世紀後半の珍しいフィギュリンヌ（人形を象《かたど》った物）だと500万円前後で取り引きされる。

シノワズリー — la Chinoiserie

中国趣味。マルコ・ポーロによってもたらされた情報や17世紀の東インド会社の影響で、陶磁器等を通して一時的に中国趣味の人気がヨーロッパで高まった。それが18世紀、ロココの時代になると、オランダのデルフトやフランスのヌヴェールが染め付け風や有田焼の中国人を真似たモチーフを描いて陶磁器を作ったり、壁紙に中国柄を用いたり、また、イギリスの有名家具職人、チッペンデールがパゴッド（仏塔）をイメージする家具を作る等して、ヨーロッパ各地でシノワズリーがもてはやされた。19世紀後半になると、万博の影響で再度中国趣味が流行する。

デルフト焼 — Delft

アムステルダムから1時間の小都市、デルフト。東インド会社が設立される等オランダが力をつけ始めた17世紀に、この町で中国の染め付け写しの陶器が作り始められた。陶器特有の灰色を白い釉薬で覆い、青色の絵付けをするデルフト焼は、本物の東洋の陶磁器に手の届かない人の間で大人気を博し販路を広げていった。日本では、特に渋好みの男性の間で人気が高い。また、フェルメールの絵画にも描かれている。

技法が難しい、
穴あけ刺繍の
リシュリュー。

ランジュ — le Linge

日本では一般的にリネンとして知られている、綿、麻製品。特に好まれるのは、ランと呼ばれる高級麻から作られたリネン。また、フィルと呼ばれる綿と麻の交ざった素材も柔らかで、ナイトウエア等に適している。透かし模様のダマスク織に穴あけ刺繍のリシュリューや、針刺繍、高級なヴァランシエンヌ・レースを配したインテリア製品も人気。ナプキンは膝《ひざ》を覆うくらい大きい物が高級品。

ヴァシュロン・コンスタンタン — Vacheron Constantin

１７５５年に、ジャン・マルク・ヴァシュロンによってジュネーヴに設立された時計メーカー。１８３９年と早くから、パーツごとの部品の製作を手がける新しい技術を投入する。１８８０年より現在のブランドの刻印、マルタの十字架を用い始めた。20世紀初め、マッチ棒と同じ１・６４ミリという薄さのムーヴメントを開発し、一躍話題になる。

オイスターモデルは防水機能付き。

ロレックス — Rolex

１９１４年に初めて女性用のブレスレット時計を生み出したブランド。また、１９１９年に防水ケースを発明し、これによって誕生した１９２６

年のモデル「オイスター」は、メルセデス・グライツがドーヴァー海峡を泳いで渡ったときに用いたことで、世界的に有名になった。ブラックフェイスは特に人気で、オイスター・パーペチュアルモデルのブラックフェイスは、70万円前後で取り引きされている。

レディース向けの宝飾時計でも定評がある。

パテックフィリップ — Patek Philippe

ポーランド貴族、アントワーヌ・ノルベール・ド・パテックが創設した時計メーカー。現在でも、金工や宝飾職人、彫金師と時計職人の共同作業により、昔ながらの方法で高級時計を作り続けている。七宝の懐中時計、凝ったチェーンのブレスレット時計等を得意とする。1851年のロンドン万博で金賞を受賞し、ヴィクトリア女王やアルバート公も顧客だった。クロノグラフは350万円ほどで取り引きされている。

ジャガー・ルクルト ― Jaeger Le Coultre

1833年にスイスのジューの谷に、アントワーヌ・ルクルトによって設立された時計メーカー。1844年、1000分の1ミリ秒を計る「ミリオノメーター」を発表。20世紀はじめに新しいディレクター、ジャック・ダヴィッド・ルクルトを迎え入れてからは、極小時計「デュオプラン」やポロ選手用に作られた「レベルソ」といった優れたデザインの革命的な時計を製作する一方、永久時計「アトモス」を発表。

アンドレ・シャルル・ブール ― André Charles Boulle

1642年、パリに生まれた家具職人、ブロンズ職人。家具全体をべっ甲、銅、錫《すず》等の象眼細工で覆ったバロック調の家具を得意とした。ルイ14世に愛されたアーティストで、19世紀後半、ナポレオン3世の時代にコピーも多く出現した。オリジナルはミュージアムピースだが、このタイプのコピーは、細工は凝っていても現在は市場で人気が低く、案外安い値段で取り引きされている。

ビブロ ― le Bibelot

主にキャビネットのなかにしまえるようなアンティーク小物を指す。

約束の手 ― Bague au fede

両手がハートを抱えているような形のリング。手は契約書にサインしたり、握手したり、愛や友情を意味するケルトのモチーフで、〝約束の手〟リングは、主に、アイルランド、スコットランド、ブルターニュの婚約指輪として一般的。

閉じると両手がハートを包むフェード・リング。

覚えておきたいスタイルの変遷

アンティークのスタイルは19世紀半ばまで、時代の王や君主の名前をとって名付けられることが多かった。ここでは、覚えておくと便利なスタイルの特徴と、その時代に生まれた工芸品を簡単に挙げておく。

フランスでは、椅子にその時代の特徴が色濃く見られる。椅子の脚の形を覚えておけば、通っぽく「ウンチク」が傾けられる。

中国から紅茶が輸入されだした頃の、茶筒を模したティーキャディー。

ルイ14世スタイル（1643～1715）

自らを太陽王と名乗り、「朕《われ》は国家なり」と絶対王政を敷いたルイ14世。王は大臣だったコルベールに文芸を推進させ、音楽やダンス等、様々な文化的行事にいそしんだ。自ら太陽マスクをかぶり、全身に金粉を塗ってバロックバレエを踊ったことでも知られている。父、ルイ13世から譲り受けたヴェルサイユ宮殿を大改築し、太陽モチーフで装飾した。このスタイルを、ヨーロッパでは「バロック」装飾と呼ぶ。いびつな真珠に由来する

サンチュールが取れてCスクロールが強調されるルイ15世スタイルに移行する間の椅子。

「バロック」という名前は、溢《あふ》れんばかりの感情を、光と影をイメージさせる凝った彫刻と黄金色によってダイナミックに表現したスタイルをいう。家具では名工、アンドレ・シャルル・ブールが有名。また、イギリスやオランダの東インド会社によってヨーロッパに入ってきた「ジャパン」――漆の家具も人気だった。この時代の椅子の脚は、座面に対してXやHに羽目木がされているのが特徴。磁器はまだ誕生しておらず、貴族の間では、ムスティエやルーアン陶器が愛用された。

レジャンススタイル（1715〜1723）

ルイ14世亡き後、まだ5歳だったルイ15世の代わりに摂政政治を取り仕切っていたのが、ルイ14世の甥《おい》にあたるオルレアン公フィリップだ。摂政時代は、前の時代から次の時代に移るスタイルの過渡期。装飾過多のバロックからフェミニンなロココに移り変わる時期に生まれたレジャンスは、エレガントで快適さが追求された均整のとれたスタイル。家具にはブロンズやホタテ貝モチーフの彫刻がされている。天蓋《てんがい》付きベッドや耳付きソファー「ベルジェール」は、この時代ならではのもの。椅子の脚は若干猫

エレガントなロココスタイルのフィギュリンヌ。

（山羊）脚に近づいているが、まだCスクロールと呼ばれる極端な曲線には達していない。前方から見ると、座面の下の部分に「サンチュール（ベルト）」と呼ばれる彫刻飾りがあるのが特徴。

ルイ15世スタイル（1723〜1774）

アンティークといえばこの時代を思い出す人も多い、云わずと知れたロココの時代。美輪明宏や、フラワーアーティスト假屋《かりや》崎《ざき》省吾がこよなく愛するスタイルでもある。「ギャラン（色事にいそしむ男女）」が時代の先端をいく、ある意味軽薄な時代。装飾的にはフラゴナールやブーシェの絵画を思わせる、華やかで軽快な女性的パステルカラーが特徴。ロココは「ロカイユ（「小石」から転じて貝がらや石を使った装飾）」からとった名前で、巻き貝のようなCやSのスクロール彫刻が、ヴァンセーヌ、セーヴル磁器他、様々な工芸品を飾っている。椅子の脚はC曲線を描き、花や花綱、貝殻模様が脚の膝《ひざ》部分や背もたれの上、座面の下に彫刻されている。寝椅子や王の愛妾《あいしょう》、ポンパドゥール夫人が愛したストロー張りの椅子も生まれた。

マリー・アントワネットが愛したバラやメダルの図柄のセーヴル焼。

ルイ16世スタイル（1774〜1789）

日本ではルイ16世より、その妻のマリー・アントワネットのほうが有名。「パンがないならお菓子を食べればいいじゃない」と言った妃の話は有名だが、実際の国家は財政困難で、浮かれたロココの時代とはうって変わったものだった。イギリス流の「カントリー・スタイル」が流行し、妃もヴェルサイユ宮殿に田舎風の「プチ・トリアノン」を築いて親しい友人たちと戯れた。ポンペイの遺跡が発見されて、皆が「アンティーク（ヨーロッパでアンティークは、ギリシア・ローマ時代のことをいう）」に興味を抱き始め、それによって、ウェッジウッドがローマ時代の陶器を真似たジャスパーウエアを創作し、神話やギリシア神殿をモチーフにした工芸品が数多く出現した。椅子の脚は先細りの直線に戻り、背もたれはメダル、馬蹄《ばてい》、竪琴、気球形と様々。1789年にフランス革命が勃発《ぼっぱつ》し、貴族は殺害されるか、難を逃れて亡命した。貴族制は崩壊し、世界で最高の工芸品を生んだフランスのアンティークは破壊され、海外に散ってしまう。現在フランスに18世紀以前のアンティークが少ないのは、そのせいだ。

ナポレオンを思わせる帽子を被った肖像画が描かれたタバコ入れ。

ディレクトワールスタイル（1789〜1804）

革命後、共和政治、総裁政治、執政政治と移り変わっていた時代。ブルボン王朝の名残を感じさせながら、重厚なネオ・クラシシスムを思わせる工芸品が人気だった。女性は、「メルヴェイユーズ」と呼ばれる、大きく胸元をあけ、胸の下にベルトのあるオーガンジーの薄手のドレスを着て、カメオの宝飾品を身に着けた。冬の寒さでもこの装いだったので、肺炎で死ぬ人が大変多かったという。家具のモチーフには、エジプトのスフィンクス、ギリシア・ローマを思わせるドラゴンや羽根付きのライオン、白鳥等が好んで使われ、椅子も紀元前の家具をイメージさせる物が多い。

アンピールスタイル（1804〜1814）

エジプト遠征後、ナポレオンが皇帝に君臨し、自らをシーザーの化身と呼んだ時代。彼はシーザーを真似て、月桂冠を着けた自らの姿をヴァンドーム広場の塔の先端に飾った。装飾には男性的な鷲《わし》、神話、女神、また、勝利のシンボル、蜂やナポレオンのNマークがふんだんに使われた。椅子の脚は最初の妻、ジョゼフィーヌのシンボル、白鳥を象《かたど》った物等。磁器に見られるシリンダー形のカップは、この時代ならではの形。

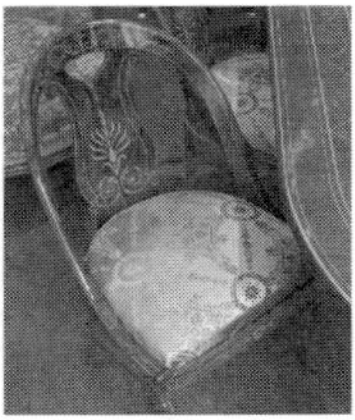
エジプトスタイルの象眼がなされたゴンドラ型の椅子。

王政復古スタイル（1814〜1830）

ナポレオンがワーテルローの戦いに破れ、亡命していたルイ16世の2人の弟、ルイ18世とアルトワ公爵（後のシャルル10世）により王政が復活したブルボン王朝最後の時代。中世の教会建築に使われた尖塔《せんとう》アーチ、バラ窓、矢等が工芸のモチーフに使われた。特にシャルル10世の時代は、明るい色のサテン・ウッド等の木に濃い色の木を象眼細工した家具が多い。椅子の脚は、刀やカエルの脚のような形をしている。現代見られる床までマットレスのソファーが生まれたのは、この時代。

ルイ・フィリップスタイル（1830〜1848）

1809年にブルボン王朝の末裔《まつえい》、マリー・アメリー・ブルボン・ド・シシルと結婚し、7月革命によって王になったルイ・フィリップ。時代は

痛風の人向け、と俗にいわれる脚置き。

金色と黒に染めた木が典型的な、この時代の額。

ジョルジュ・サンドやバルザックに代表されるロマン主義時代で、手紙を書いたり、小説、イスラムや中国の詩等を読書することが人気だった。家具は引き続き明るい色の木に濃い色の木を象眼した物と、黒く塗装した物が代表的。機械製作と手作りを組み合わせた、美しく快適でモダンなデザインが多い。椅子の背もたれは身体に沿うように美しい曲線を描き、脚はカエルの脚形。オパリンガラスに人気が集まった。

ナポレオン3世スタイル（1848〜1870）

ナポレオン1世の甥、ルイ・ナポレオンの時代。第二のロココ時代と呼ばれ、毎晩チュイルリー宮に友人たちを招き社交に明け暮れた。スペインから迎え入れた妻、ウージェニーは、オートクチュールメーカー、ワースの衣装やスカートのふくらみを強調したクリノリンを愛し、マリー・アントワネットの再来と呼ばれた。ゴシックやルネッサンス、ルイ15世、ルイ16世、レジャンス等、歴史のなかの様々なスタイルがリバイバルした時代でもある。万博によって海外のエキゾティックなスタイルも紹介された。すべての木材の使用が可能になり、パピエマーシュなど紙を固めた軽くて丈夫な素材も用いられた。椅子の脚は、縄に見立てた「コルド」、中国趣味な「バンブー」等、様々な物がある。人々が都会のアパルトマンに居を構えることによって、家具のサイズも小さめになる。宝飾品は、舞踏会で映える大ぶりの物が中心。

アール・ヌーヴォースタイル（1880〜1914）

1900年のパリ万博によって花開いた、新たなアートのスタイル。その当時、アジアやロシアから輸入されて話題になった新種のばらや蘭等、新しい植物に刺激され、ラリックやガレ、ドーム、マジョレルが陶磁器、ガラス、家具をデザインした。女性をはじめ自然界の植物や動物、昆虫をアシメトリーでナチュラルな曲線を用いながらデザイン化した個性的な工芸品は、芸術家や女優等、特権階級に愛され、貴族の支援者も多かった。家具や椅子の脚は、植物の幹を象りデフォルメされている。

美しいガレ作パット・ド・ヴェールの花瓶。

木とメタルを組み合わせた斬新なテーブル。

アール・デコスタイル（1919〜1938）

1925年にパリで開催された「現代装飾美術・産業美術国際博覧会」で誕生した、直線を強調したシンメトリーでジオメトリックなデザインが代表的。一般的な工業生産品の可能性をどこまで追求できるかという、二つの世界大戦の間の新時代に生まれたアート。女性は外に出て働くのが一般的で、ショートヘアに真っ赤な口紅、『ヴォーグ』等の雑誌を読んでおしゃれに意欲的だった。彼女たちが自分で購入できるアクセサリーやジュエリー、家具等は、斬新で革命的な意匠の物が装飾の中心になる。リュールマン、ルルー等、伝統的高級木材を用いた素晴らしい家具作家が多い一方、アイリーン・グレーやアンドレ・アルビュス他、それまであまり用いられなかったアルミを筆頭とする新素材を用いた作家の家具も魅力的だ。

失敗しない購入のポイント

アンティークを適切な価格で購入するためには「この人、ちょっと詳しいかも」とバイヤーに思わせることも肝心。ここでは、覚えておくと便利なフランス語や、アイテム別の注意点を解説。

覚えておくと便利なフランス語

Bonjour.（こんにちは）
Je cherche /des objets du 18ème siècle.（私は18世紀のオブジェを探しています）
/des meubles anciens.（アンティーク家具）
/des bijoux anciens.（アンティーク・ジュエリー）
/des bibelots anciens.（アンティーク小物）
/des linges anciens.（アンティーク・リネン）
/des vaisselles anciennes. Combien de piéces-ils (elles) restent?
（アンティーク食器。《セットで欲しい場合》同じ物がいくつありますか？）
/des montres anciennes. Est-ce que ça marche?
（アンティーク腕時計。それは動きますか？）

Qu'est-ce que c'est?（これはなんですか？）
Avez-vous l'autre chose?（他の物はありますか？）
De quelle époque est-ce?（これはいつの時代の物ですか？）
Combien cela côute-t-il?（いくらですか？）
Avez-vous des choses moins cheres?（もっと安い物はありますか？）
Pourriez-vous me donner le meilleur prix, s'il vous plaît?
（最大限ディスカウントしていくらになりますか？）
Si je payerai en liquide, vous pouvez faire une réduction?
（現金で支払ったら値引きしていただけますか？）
Je pourrai payer avec une carte de crédit?（カードで支払えますか？）
Merci, au revoir.（ありがとう。さようなら）

陶磁器

野外の骨董《こっとう》市で案外見過ごされてしまうのが、陶磁器のひび割れ。これを避けるには、カップ等の高台の部分を指で支え、もう片方の指で軽くカップを叩《たた》く。鈍い音がしたら、どこかにひび割れがある証拠だ。日本の陶磁器は、継ぎがまた別の〝景色〟を生んで美しさが増すこともあるが、西洋陶磁器は価値が半減するので完品を手に入れたい。陶磁器は偽物のマークを後から描き加えることがとても簡単なので、マークだけに頼らず、品物をたくさん見て自分の目を鍛えよう。

ガラス

多少のチップは紙ヤスリで整えるが、時には花器の首の部分が欠けている物を大胆に機械で削ってしまった品もある。なんだかバランスが悪いと感じたときは、そうした処理をした物の可能性が高いので注意が肝心。ガレ、ドーム等は、現在東欧で偽物を生産中。あまりに安い場合は、ガレ、ドームスタイル（偽物）の可能性が高い。

金銀製品

フランス人がカトラリーを使い始めたのは、17世紀になってから。最初は貴族が、日本人が箸《はし》を箸箱に入れて持ち歩くようにナイフのみを携帯し、それで食事をしていた。1838年よりフランスでは、金銀製品を販売するためのギャランティーマークが統一され、銀にはギリシアの女神ミネルヴァ、金には鷲《わし》が刻印されている（プラチナのマークは1912年に初めて定められた犬のプロフィール）。この法律のおかげで、フランスで貴金属の偽物を摑《つか》まされることは皆無に等しい。

これらの刻印を深く知るためには、英語版も発売されているTardy社の『guide de poinçon d'orfèvrerie française』が便利。

ランジュ

当然のことながら、きちんと洗濯されてアイロンが当てられた製品が高額。通は破格値の商品をあさり、漂白剤に浸《つ》けこんだ後熱湯で洗って黄ばみを落とし、きれいにアイロン掛けして見違えるように仕上げる。選ぶときのポイントは、光にかざして薄くなった箇所のない物を選ぶこと。薄くなった物は簡単に破れてしまう可能性がある。

時計

本来であればなかを開けて見せてもらって、ブランド名の真偽を確かめるのがよい。このときに機械が錆《さ》びている物は選ぶ価値なし。また、腕時計は竜頭がまっすぐに付いている物、巻いてみてスムーズにゼンマイが巻ける物が、修理も簡単。私の場合は、「動く」と保証された時計に関しては、一度時計を巻いた後1時間以上経ってからもう一度スタンドに戻り、時間が合っているかを確かめることにしている。

ジュエリー

刻印やブランド名がきちんと入っているかを確認したうえで、石の落ちや欠け、ぐらつきをチェックする。19世紀に流行したダイヤモンドのローズカットは、現代では手に入れることが難しい。ブリリアンカットを逆さに用いて付け替えできる場合もあるが、値段が相当安くない場合以外、傷ありの物は購入しないほうがよい。反対に人間にほくろやシミがあるように、自然の物には必ず傷がある。宝石でインクリュージョン（内包物）等がまったくない物は、偽物と思った方がよい。生徒さんにはポーズだけでも10倍のルーペを持ち出し、蚤《のみ》の市等で「ん、強者《つわもの》？」と思われるように、と伝授している。また、イヤリングが一般的になったのは１９２０年以降のこと。19世紀の物でイヤリングがあったら、後でイヤリングに作り替えた物だと思ってよいだろう。

家具

材、装飾から年代を判別できるのが家具。とはいえ、素人にはなかなか難しい。また、大きなフランスのアンティーク家具を輸入している店は日本では少なく、見慣れていない分、一目で特徴を押さえるのは難しい。現実的な値段で実用品として購入できる物は、ほとんどが19世紀以降の物である。

椅子は、前後に揺すってぐらぐらする場合、一度組み直してから使用するつもりで購入してほしい。友人宅でがたつきの激しい椅子をディナー時に使っていて、食事中に壊れてお客が転倒した現場を見たことがある。また、キャビネットや食器戸棚等は、なかがかびていたり臭いがしていないか、机は天板がそっていないかを確かめること。購入してからは机の天板に熱い物を直接置かない等、大事に使うための気遣いが必要になる。

便利グッズ

●**ウエットティッシュ**―埃《ほこり》をかぶったアンティークをシネして歩いた後は、手が真っ黒。フランスではレストランでおしぼりがサービスされることはなく、時にはトイレで手洗いの水が出ないという問題にも遭遇する。現在は薬屋等でウエットティッシュを購入することが可能になったが、日本ほど安くないので少し多目に持っていくといい。

●**梱包材**―俗称、プチプチと呼ばれている物。出発時のトランクにプチプチを詰めていき、購入した物をそれで包んで持ち帰ると便利。段ボールは郵便局や運送会社で購入する他、馴《な》染《じ》みの八百屋さんやスーパーで頼めば貰える。

●**電卓**―1ユーロは157円程度（2007年1月現在）。

●**出で立ち**―歩きやすい靴に帽子。それから日焼け止め。水分補給のペットボトルも。5月

〜9月の紫外線は馬鹿にならない。特に午後の3〜4時頃が最も西日が強く、日射病や熱中症に注意。

●**ウエストポーチ**―プロは小さなポケットが付いたウエストポーチに、4つ折りにした紙幣を金額ごと別々に入れておくのだそう。こうすればスリ対策にもなるし、金額を間違って渡すというううっかりミスを避けることができる。デイパックの後ろ掛けはスリに狙われやすいので、「お腹の前に」が鉄則。

運搬

通常、郵便局から発送できる荷物は最高30キロまで。それ以上は日本の宅配便やDHL等の運送会社に依頼する。アンティークは通常100年以上経た物をいうので、日本で関税はかからない。また、食器類は口に触る物として保健所の審査等が必要になることもあるので、装飾用であればそのように書くべき。

DHLに問い合わせたところ、10キロの段ボール箱を日本に送るとすると、発送、保険料を含めてだいたい290ユーロだそうだ。詳しくは、パリ・フリーダイヤル（英語可）0820-202525まで。カードはダイナース、アメックス、VISA、マスターを受け付けてくれる。

それ以上の荷物になると、コンテナを用いるのが割安だ。6人用のダイニングテーブルとダイニングチェア6脚で約1700ユーロ（保険料、日本での通関申告料、また、成田から自宅までの運送費は含まれていない）で発送可能。約2ヶ月の期間を要する。

通常、保険は、A・海難事故でコンテナ自体が紛失したときのみ保証し、破損は保証しないタイプ、B・コンテナ内の商品に破損があった場合にも、評価額を保証するタイプ、があり、保険料は、Aは買ったアイテムの評価額の1・5％以下、Bは評価額の2・5％〜3％が一般的。

100万円以上の買い物を予定している場合だと、あらかじめ運送会社と契約して現金をデポジットし、買い付けの際、現金を持ち歩かないでシッパーズ・ブックに商品番号、金額、業者名を書き込んで、後で運送料込みで精算する便利なシステムがある。詳しくはイギリスとパリ、南仏、ベルギーにオフィスを構えるアラン・フランクリン・トランスポートへ。

Alan Franklin Transport（以下は南仏オフィス）
Quartier La Tour de Sabran
84440 Robion
Tel: 04-90-76-49-00　Fax: 04-90-76-49-02
E-mail:alanfrance.southoffrance@wanadoo.fr
http://www.alanfranklintransport.co.uk/

ロッカー、手荷物預かり

フランスでロッカーや手荷物預かり所はconsigne（コンシーニュ）と呼ばれ、大きな空港や駅にしか完備されていない。ホテルで荷物を預かってもらってから出かけるのが賢明だ。また、車での移動であっても、トランクに長時間荷物を残しておくのは盗難の恐れがあるので危険。マーケットでたくさん買い物をする予定なら、各ショップに保管しておいてもらい、最後にまとめてピックアップするのも手だ。その場合は閉店時間を聞いておき、それに間に合うように。

フランスのアンティーク雑誌

Aladin―レ・シヌールのバイブル的な雑誌。地方の小さな村で開催されるマーケット情報まですべてカバーしている。それ以外にも、流行アイテムや真偽に関しての特集が組まれている。

Antiquités Brocante―内容は『アラダン』と似通っているが、コレクタブルズから高級品まで幅広くカバーして、値段等、現場に近い情報を提供している。フランス語。

Le Chineur―ポケット版で携帯しやすいマーケット情報誌。

La Gazette de l'Hôtel Drouot―オークションハウス、ドゥロウが定期刊行している雑誌。オークションの予定、結果等、すべてが把握できる。http://www.gazette-drouot.com/

参考文献

アール・デコ展：きらめくモダンの夢：1910-1939. 読売新聞東京本社. 2005.
ヨーロッパ名窯図鑑. 講談社. 1988.
エリック・ノウルズ. 監修＝岩崎紘昌. 素晴らしい世界のアンティーク. 宙出版. 1999.
長部玉美. ロンドン・アンティークLESSON. 主婦の友社. 1997.
De la couleur et du feu: Céramiques d'artistes de 1885 à nos jours. Marseille: Musées de Marseille; Paris: Réunion des musées nationaux. 2000.
Guide de charme: Provence de charme. Paris:Payot & Rivages. 2003.
La montre. Gennevilliers: Ars Mundi. 1992.
Michelin Red Guide 2006 France. Paris: Michelin. 2006.
Les poinçons de garantie internationaux pour l'argent. Paris: Tardy. 1992.
Les poinçons de garantie internationaux pour l'or, le platine et le palladium. Paris: Tardy. 1996.
Tous les styles: du Louis XIII au 1925. Paris: Elina. 1990.
Aussel, André. & Barjonet, Charles. *Etude des styles du mobilier.* Paris: Dunod. 1991.
Beaumelle, Marie-José. Vincent Guerre. Gérard Guerre. & Paula Jaquenoud. *Les arts décoratifs en Provence: Du XVIIIe au XIXe siècles.* Aix-en-Provence: Edisud. 1993.
Bréon, Emmanuel. *L'art des années 30.* Paris: Editions d'art Somogy. 1996.
Dauguet, Claire. & Guillemé-Brulon, Dorothée. *La porcelaine française.* Paris: Editions Charles Massin. 1979.
Dauguet, Claire. & Guillemé-Brulon, Dorothée. *Reconnaître les origines des faïences françaises.* Paris: Editions Charles Massin. 1990.
Guillemé-Brulon, Dorothée. *Histoire de la faïence française : Moustiers & Marseille : Sources et rayonnement.* Paris: Editions Charles Massin. 1997.
Lajoix, Anne. *L'âge d'or de Vallauris.* Paris: Les Editions de l'Amateur. 2004.
Mornin, Edward. & Mornin, Lorna. *Saints: A visual guide.* London: Frances Lincoln Publishers. 2006.
Mouillefarine, Laurence. & Petit, Bénédicte. *L'art de chiner: La bible du collectionneur et de l'amateur d'antiquités.* Paris: Albin Michel. 1990.
Plas, Solange de. *Les faïences du Midi et du Sud-Ouest de la France.* Paris: Editions Charles Massin. 1990.

おわりに

「何故、アンティークが好きなのだろう?」と、真剣に考えたことがある。

滅多に同じ物に出会わない貴重な一点物だから――。

その品物が、多くの人の手を経て役立ち、愛され、慈しまれ、よくぞここまで生き延びた、と敬意にも似た感動を与えるから――。

理由はいくつかあるが、何よりもアンティークに心が惹《ひ》かれるのは、その背景に常に「人」の気配を感じさせるからだと思う。

私は「人間」が好きだ。完璧《かんぺき》な人など一人もいなくて、皆それぞれ欠点や長所をもっている。男も女も、お金持ちも貧乏人も、年寄りも子供も、泣いたり、笑ったり、あるときは怒ったりしながら、全力疾走で日々の暮らしを営んでいる。アンティークには、そんな魅力溢《あふ》れる人間たちが工夫をこらして作り上げ、人々の生活に喜びや潤いを与えてきた物ばかりが残っている。

大学での専攻が「ヨーロッパ文化史」だったにも拘《かかわ》らず、4年間の在学中に学び得たものは、「語学力」と「文学の知識」のみだった。その後、偶然にもフランスの田舎に住むチャンスを得て、アンティークを肌で感じ、その魅力に取り憑《つ》かれ、帰国後、カルチャースクールまで開校してしまった。そして今、大学時代の遅れを取り戻すかのように、興味津々なのが「フランスの地方文化史」というわけだ。

フランスの地方の骨董《こっとう》市は、期待せずに訪れても必ずドキドキする新たな発見があり、次なる疑問にぶつかる場所だ。そして、それを解き明かすためには、歴史をさらい直し、文化を理解することが必要になる。

やれやれ、気の短い性格なのに、忍耐を要する作業となってしまう。しかしそんな私をも虜《とりこ》にし続ける魅惑のラビリンスこそが、骨董市なのである。

最後になるが、私の取材熱につき合ってくれた頼れる仕事のパートナー、カメラマンの景山氏、埃《ほこり》まみれになりながら様々な骨董市を散策し続けた親友のクレール、常日頃、教えることによって学ばせてもらっている親愛なる生徒さん、読んで楽しいアンティーク書を書くことを勧めて下さった角川書店の山下崇氏、そして何より、叱咤《しった》激励しながら、私の文章にじっくりつき合って下さった梶井斉氏に、感謝の意を込めて御礼を述べたい。

皆さん、本当にありがとう。

第二の故郷ブルターニュにて、石澤季里

石澤季里（いしざわ・きり）
成城大学在学中より女性ファッション誌、料理雑誌の編集に携わり、1989年渡仏。パリのアンティーク鑑定士養成学校に通う傍ら、フリーランスとして雑誌に記事を執筆。現在は雑誌執筆のほか、カルチャースクール「石澤季里アンティーク・エデュケーション」(http://www.antiqueeducation.com/) の代表・講師を務める。著書に『ヨーロッパのアンティーク市旅ガイド』(集英社ムック)、『パリっ子16人のおばんさい』(小学館)、『北仏ブルターニュの四季物語』(PHP研究所) がある。

写真……景山正夫

掲載されたデータは2007年1月現在のものです。料金や営業時間は予告なく変更される場合がございますので、電話やホームページで最新情報をご確認のうえ、お出かけください。

フランスの骨董市《こっとういち》を行《ゆ》く！

石澤季里《いしざわきり》

二〇〇七年三月十日　初版発行

発行者　井上伸一郎
発行所　株式会社角川書店
〒一〇二―八〇七八
東京都千代田区富士見二―十三―三
電話／編集　〇三―三二三八―八五五五

発売元　株式会社角川グループパブリッシング
東京都千代田区富士見二―十三―三
〒一〇二―八一七七
電話／営業　〇三―三二三八―八五二一
http://www.kadokawa.co.jp/

装丁者　緒方修一（ラーフイン・ワークショップ）
印刷所　暁印刷
製本所　BBC

角川oneテーマ21 C-128

ISBN978-4-04-710071-8 C0226

落丁・乱丁本は角川グループ受注センター読者係宛にお送りください。
送料は小社負担でお取り替えいたします。